문명의 위기와
기독교의
새로운 대서사

문명의 위기와 기독교의 새로운 대서사
지은이/ 돈 큐핏
옮긴이/ 안재형
펴낸이/ 홍인식
초판 1쇄 펴낸날/ 2020년 7월 15일
펴낸곳/ 한국기독교연구소
등록번호/ 제8-195호 (1996년 9월 3일)
경기도 고양시 일산동구 고봉로 32-9, 양우 331호 (우 10364)
전화 031-929-5731, 5732 (Fax)
E-mail: honestjesus@hanmail.net
Homepage: http://www.historicaljesus.co.kr.
표지디자인/ 디자인 명작 (031-774-7537)
인쇄처/ 조명문화사 (전화 498-3018)

이 책의 저작권은 Polebridge Press사와의 독점계약으로 한국기독교연구소가 소유합니다. 저작권법에 따라 국내에서 보호받는 저작물이므로 무단전재와 무단복제를 금합니다.

A New Great Story
by Don Cupitt
Copyright ⓒ 2010 by Don Cupitt
All rights reserved. Korean Translation copyright ⓒ 2020 by Korean Institute of Christian Studies. The Korean translation right arranged with the author c/o Polebridge Press. Printed in Seoul, Korea.

ISBN 978-89-97339-56-3 94230
     978-89-97339-55-6 94230 (세트)

값 12,000원

카이로스 시리즈 01

문명의 위기와 기독교의 새로운 대서사

돈 큐핏 지음   안재형 옮김

A New Great Story

Don Cupitt

한국기독교연구소

A New Great Story

by

Don Cupitt

Salem, OR: Polebridge Press, 2010.

Korean Translation by Ahn Jae-Hyong

이 책은 순천중앙교회(담임 홍인식 목사)의
출판비 후원으로 간행되었습니다.

Korean Institute of the Christian Studies

고요한 믿음을 찾는 것이 끝나버린다면,
미래는 더 이상 과거로부터 돋아나지 않겠지.
우리들의 충만함으로부터 말일세.
그러나 그런 믿음을 찾는 것과
우리들로부터 돋아나는 미래는
하나인 것처럼 보인다네.

   Wallace Stevens
   Collected Poems (Faber), 2006 edn., p. 129.

목차

서론 __ 9

1장. "하느님" 용례 __ 21

2장. "세상" 용례 __ 29

3장. 태초에 __ 35

4장. 정착하기 __ 45

5장. 하느님은 과도기적 대상? __ 57

6장. 다른 사람들의 믿음 __ 69

7장. 중보종교 __ 77

8장. 율법의 종말 __ 89

9장. 두 번째 회전 __ 101

10장. 두 번째 회전 완성 __ 113

11장. 종교적 사고와 인류 만들기 __ 119

12장. 신들의 황혼 __ 131

13장. 최고선(最高善) __ 141

14장. 비난 __ 151

참고문헌 __ 165

서론

이 책에서 내가 목표로 삼는 것은 독자들에게 전통적인 라틴 기독교, 즉 "서방" 기독교의 "대서사(Grand Narrative)"를 대체할 철저히 현대적인 대안을 제시하는 것이다. 그 자세한 내용은 차차 설명해 나갈 것이다.

과거의 대서사는 영원 속에서 시작되고 끝나는 모든 것에 대한 거대한 이야기였다. 하느님과 첫 피조물인 천사들로부터 시작해서, 인간의 타락과 구원으로 이어지는 긴 역사를 지나 마지막 심판과 복된 자들의 최종 승리에 이르기까지의 이야기였다. 그 전형적인 내용이 초기 서방교회의 중요한 신학자 중 한 사람인 히포 출신 성 아우구스티누스(354-430)가 쓴 〈하느님의 도성〉[1]에 나온다. 이 이야기는 제 11권~22권에 걸쳐 나오는데, 그 내용이 17세기 말까지 서양 예술을 지배했다. 영국 독자라면 이 내용이 요크 성체축일 순환극(York Cycle of Mystery Plays)에 매우 효과적으로 극화되어 있다는 것을 볼 기회가 있었을 수도 있다. 신문 만화나 웹툰의 형식과 비슷하게 이 내용은 중세 스테인드글라스의 주제가 되었으며, 특히 베니스에 있는 성 마가 성당의 모자이크에 잘 표현되어 있다. 종교개혁 당시, 주요 프로테스탄트 개혁

---

1) Augustine, *City of God*.

가들은 모두 확고한 아우구스티누스주의자였다. 그 중에서도 존 칼빈은 이러한 과거의 대서사를 치밀하게 발전시켜 일반 신자들이 온 우주의 역사를 지배하는 하느님의 절대 주권을 믿도록 하였고, 이들이 삶 속에서 어떤 일을 겪더라도 하느님의 은혜를 맛본 자라면 자신의 최종적 구원을 확신할 수 있도록 하였다. 칼빈으로부터 유래한 프로테스탄트 전통들은 개혁주의, 칼빈주의, 장로회, 청교도, 독립파(Independent), 회중파(Congregationalist) 등등 다양하다. 오늘날에는 이들 전통들이 (초교파적인) 보수 복음주의 개신교라는 외투를 입고 미국 등을 비롯하여 최근 몇 세대 동안 전 세계에 퍼져 있다.

과거 서방교회의 대서사 신학은 분명 아직 죽지 않았다. 이 신학은 부분적으로는 고대 조로아스터교로부터, 그리고 대부분은 구약성경에 기록된 고대 유대인들의 민족 이야기에서 비롯되었다. 하느님이 자신들의 역사에 개입하신다는 유대인의 서사를 바울이 수정하고 확장하여 우주적 타락과 구원(로마서 5장, 고린도전서 15장 등 참고)이라는 새로운 기독교 대서사(Christian Great Story)로 전환시켰다. 신약의 또 다른 저자인 히브리서 기자는 좀 더 보수적인 내용으로 이 이야기를 전하는데, 큰 무리가 역사 속에서 믿음의 긴 행진 끝에 약속된 미래의 승리와 영광에 이른다는 전통적인 서방교회의 인식을 독자적인 방식으로 전달한다. 오늘날 미국의 선민의식과 이스라엘의 시온주의가 매우 비슷하다는 것은 과거의 대서사, 즉 메시아적 민족주의 형태의 종교 이데올로기가 과거의 지적인 권위를 완전히 잃었음에도 여전히 실제적인 정치적 힘을 갖고 있다는 것을 보여준다.

서방교회의 대서사는 지구 중심적이기도 하지만 실은 우주적이다. 천사들을 창조한 이야기로부터 시작해서 루시퍼의 반란과 하늘로부터의 추방을 말하고, 그 다음에는 하느님이 눈에 보이는 우주와 인류를 만든 뒤 지상에서의 삶을 통한 시험을 거친 인간 영혼들로 하늘을 다시 채우는 이야기로 나아간다. 하지만 우리의 첫 조상들이 죄에 빠지게 되었고, 하느님은 자신의 본래 목적을 달성하기 위해 유대인들을 선택하고, 모세의 율법을 주는 거대한 계획에 착수했다. 그런데 이들도 넘어졌고, 일부 인류를 구하기 위해 하느님 자신이 예수 그리스도 안에서 사람으로 성육신(화육)하는 극단의 조치를 취했다. 예수의 재림으로 교회 시대가 끝나고 이 땅에 천년왕국이 시작될 것이다. 끝으로, 마지막 심판 후에 하느님은 결국 천국을 다시 채우고 문을 닫을 것이며, 사탄과 그 무리들은 저주받은 인간 영혼들과 함께 지옥에 영원히 갇힐 것이다. 끝.

이러한 대서사(또는 이야기 myth, 헬라어 muthos는 이야기를 뜻한다)는 서구 세계에서 기독교 문명화의 사상적 기초와 역사적 동인을 제공했다. 한동안은 이렇다 할 맞수가 나타나지 않다가, 14세기에 이탈리아에서 르네상스가 일어나면서 페트라르카(Petrarch) 같은 사람들이 그 이야기 밖으로 걸음을 내딛기 시작했다. 페트라르카는 서정시인이자 사업가이자 학자였으며, 필요로 하는 모든 문화적 골격을 플라톤 철학과 "인문학(human letters)"에서, 즉 고대 그리스 세속 문학에서 찾았다. 하지만 이탈리아 인문학과 기독교 교리 **모두** 플라톤 철학의 영향을 받았기 때문에 둘 사이에는 공통분모가 많았고 교회는 아직은 위협을 느끼지 못했다. 반면에 화가, 건축가, 시인 등과 이들의 귀족 후견인들은 지금까지 명맥을 잇고 있는 이교도와 기독교 이야기의 낯선 혼합물에 곧 익숙해졌다. 우리는 갤러리에서 보티첼리(Sandro Botticelli)가 한 캔버스에는 매혹적인 누드의 비너스를 그리고 다른 캔버스에는 수녀처럼 순결하게 차려입은 성모 마리아를 그렸다고 해서 놀라거나 충격을 받지 않는다. 이는 그저 이탈리아 르네상스가 우리에게 두 가지 모두를 남겨 주었다는 이야기 이상도 이하도 아니다. 심지어 르네상스 당시의 교황도 양쪽 모두에 익숙했으며, 청교도 시인인 존 밀턴(John Milton)은 "그리스도 탄생의 아침(Ode on the Morning of Christ's Nativity)"이라는 시에 이교도 인물들을 등장시키는 데에 전혀 거리낌이 없었다.

앞에서 이미 언급했던 것처럼, 과거의 아우구스티누스적 대서사 신학은 종교개혁을 거치면서도 별로 달라지지 않았다. 프로테스탄트 지도자들은 이 신학을 당연한 것으로 여겼을 뿐이다. 하지만 17세기로 들어서면서 상황이 달라지기 시작했다. 갈릴레오(Galileo)와 뉴턴(Newton)의 시대에 수리물리학(mathematical physics)이 등장하며 서방의 기본 세계관을 완전히 바꾸어 놓았고, 교회의 오래된 권력을 부수어 놓았다. 유럽이 세계를 기계로 보게 된 이후로 사람들은 물리적 우주 안의 모든 사건들을 물질, 공간 운동, 운동에 관한 수학 법칙으로 설명할 수 있다는 것을 알게 되었다. 세상의 모든 사건을 단일한 도덕적 설계의 완수로 몰아갔던 '섭리(Providence)'도, 인간의 행동의 자유도, 초자연적 존재나 힘도 더 이상 설 자리가 없게 되었다. 죽은 자들이 갈 곳도 없게 되었는데, 위로 과거의 천국이나 아래로 과거의 지옥이나 더 이상 그런 곳은 존재하지 않기 때문이다.

뉴턴의 업적 덕분에 세상은 뭔가 엄청난 일이 일어났다는 것을 알게 되었다. 인류는 이제껏 경험해보지 못한 능력과 약속의 지식에 이르는 새로운 길을 발견하게 되었다. 자연스럽게 **방법**에 대한 질문, 지식 구축자로서의 인간의 **정신**, 그리고 **전통**에 대한 비판 등에 관심이 집중되기 시작했다. 과거에는 거의 모든 사회가 전통의 지시를 받았지만, 이제는 전통 전부를 재점검할 필요가 있게 되었으며, 전통은 (거의 다) 버려졌다. 이 모든 것이 계몽주의의 과제였다.

데이비드 흄(David Hume)이 젊었을 때 쓴 철학적 대작(이면서 빛나는 작품)의 제목인 "인간 본성에 관한 논고: 실험적(=과학적) 논구(論究) 방법을 정신상의 여러 문제(=인문학)에 도입하는 하나의 기도(企圖)의 의미, 1739"[2])에서 당대의 기류가 어떠했는지 잘 드러난다. 비판적이고, 질문하고, 직면하고, 인간 중심인 새로운 방법이 세 권에 걸쳐 인간 지식, 심리, 도덕 등에 적용되었다. 모든 것이 재구축될 것이다. 진보적이고, 인도주의적이고, 세속적이고, 과학에 기초하고, 온전히 계몽된 새로운 모습이 도처에 만연할 것이다.

흄이 여러 면에서 옳았다. "플라톤, 아리스토텔레스, 그리고 대서사 신학"으로, 간단하게는 "아우구스티누스적 신학"으로 요약되는 과거의 사고방식이 유지되었던 것은 70년 전까지 밀턴(Milton), 번연(Bunyan), 그리고 영국 성공회 기도서의 세계에서 뿐이었다. 이제는 모든 것이 바뀌었다. 새로운 세상이 손짓하며 부르고 있었다.

적어도 그렇게 보였다. 사실 서구사회는 과거의 신앙을 버리는 것에 매우 마음 아파했고, 그래서 새로운 신앙을 철학적으로 명확히 기술하는 것을 무척 어려워했다. 심지어 지금도 우리는 명료하고 확신에 찬, 모순 없는 세속적 인본주의 세계관(paradox-free secular-humanist world-view)에 자리 잡지 못하고 있다. 그 결과 부당하게 남겨진 형이상학적 가정들을 뿌리 뽑는 것과 자기 반영성(self-reflexivity)의 모순을 회피하는 것 등의 이중의 노력 속에서 우리는 점점 멀리 미끄러져 결

---

2) Hume, *Treatise of Human Nature.*

국 회의론에 빠지게 되었다. 바로 이런 점에서 흄은 여전히 다른 근대 철학자들 못지않게 읽을 가치가 있다.

진화론에 대한 젊은 니체(Nietzsche)의 반응이 좋은 예가 되겠다. 자기 자신이 되려고 하면서 니체는 즉시 자기 반영성의 모순을 보았다. 다윈(Darwin)이 옳다면, 우리의 모든 인지 능력은 단순히 돌아다니고, 먹을 것을 찾고, 짝을 찾고, 자식을 기르기 위해 개발된 생존기술에 지나지 않는다. 이 경우에 우리는 "진짜" 진실과 생물학적으로 유용한 허구(fiction)를 구분할 수 없다. 우리는 실용주의를 넘어설 수 없다. 니체가 일부러 거칠게 진술한 것처럼, 우리의 모든 진실은 우리에게 없어서는 안 될 망상(illusions)일 뿐이다. 우리의 모든 지식은 실제적(practical)이거나 "실용적(applied)"일 뿐, "순수 이론적인(pure)" 것은 없다. 그렇다면 진화론 그 자체는 어떠한가? 우리가 그것을 믿는다면, 우리는 아마도 야생동물 보호에 착수해야 할 것이다. 우리는 아마도 지구와 육체와 오감과 우리 자신의 목숨을 우리가 가진 동안 사랑하게 될 것이다. 진화론은 매우 계몽적이고 생산적이고 심지어 **몸에 좋은** 이론임이 확실히 밝혀졌다. 진화론이 선하고 **유용한** 이론이 되고 우리가 세상과 우리 자신을 보는 관점과 깊이 엮이는 사고방식이 되기 위한 여러 방식이 있다. 하지만 **객관적 진실은?** - 그런 건 없다. 진화론 스스로가 우리에게 그런 발상을 버리라고 요구하는 것으로 보인다. 그렇다면 리처드 도킨스(Richard Dawkins) 교수는 이런 결론에 대해 어떤 반응을 보일까? 아마도 엄청 짜증을 낼 것 같고, 나는 그 마음에 공감한다. 그렇지만 그가 피해갈 길이 있을까?

이 지점에서 우리는 과거의 플라톤-아리스토텔레스-아우구스티누스적 세계관에 커다란 유익이 있었음을 기억하자. 이 세계관은 특별히 인간의 합리성에 특권을 부여함으로써 스스로의 가능성을 설명했다. 하느님은 이성(Reason) 그 자체이며, 합리적으로 정돈된 피조 세계를 만들었다. 하느님은 우리를 자신의 형상으로 만들었다. 즉 하느님은 자신의 무한한 이성(Infinite Reason)의 유한한 짝(a finite counterpart)으로서 이성적이고 불멸하는 인간의 영혼을 만들었다. 그러므로 우리는 세계의 질서를 추적할 수 있도록, 심지어 우리의 창조주를 알 수 있도록 특별하게 **디자인되었다**. 그러므로 창조론(the creationist theory)은 보기보다 똑똑하다. 왜냐하면 스스로 그 자신의 가능성을 설명하기 때문이다. 자신에게 주어진 이러한 유익을 깨달은 교황은 회칙 〈인류〉 (*Humani Generis*, 1950)에서 지혜롭게 인간의 몸은 진화론에 넘겨주되 인간의 이성적인 영혼은 하느님에게 남겨두었다. 그래서 로마 가톨릭의 공식 입장은 지금까지도 인간의 합리성에 관해서는 "창조론"으로 남아 있으며, 이렇게 해서 과학적 방법이 우리 자신에게 적용되는 모든 곳에서 일어나기 쉬운 난처한 모순을 피하게 된다. 과학이 승리할 때, 우리의 거대한 허식은 무너지고 우리는 그저 똑똑한 동물일 뿐임이 드러나게 된다. 그리고 과학은 **스스로의** 토대도 허물게 된다. 승리가 커질수록 **스스로의** 토대도 크게 허물어진다. 이해하겠는가?

이런 논의의 목적은 일련의 주장들을 소개하려는 것이었다. **첫째로**, 과학혁명이 확실히 시작되자 전통적인 기독교 대서사 신학은 사라질 운명에 놓였다. 개인 차원이든 우주 차원이든, 우리의 삶은 모두 세심하게 각본이 짜인, 해피엔딩이 보장된 "의미 있는" 대서사에 따라 행하는 연극이 아니다. **우주적 타락과 구원** 이야기는 자연과학이 제공하는 새로운 우주 역사(the new cosmic history)로 대체되었고, 과거의 초자연주의(supernaturalism)를 조금이라도 과학적 세계관과 연결짓는 데 성공할 가능성은 전혀 없다. 심리학자들이 신들림 현상을 자기들이 연구할 다양한 심리 상태 안에 포함시킬 일은 없을 것이고, 기상학자들이 비를 구하는 기도의 양을 측정해 일기예보에 반영하는 일은 없을 것이다. 초자연주의에 조금이라도 오염된 과학은 더 이상 진짜 과학이 아니다. 현재 교회 안에 있는 우리는 이를 부정하며 살고 있다. 이러한 어려움으로부터 우리를 구해줄 뭔가가 나타나기만을 고대하면서 말이다. 하지만 그런 일은 일어나지 않을 것이다. "신학"(성서 비평, 교회 교리사, 비교종교학 등)이라고 부르는 학문적 주제가 어느 정도까지 **스스로를** 비신화화했는지를 살펴본다면, 과거의 주류 교회들이 오늘날 미쳐가고 있고 빠르게 붕괴되고 있다는 게 전혀 놀랍지 않다. 신학 교육을 받은 신자들은 모두 골방에 숨은 회의론자들(closet sceptics)이다. 모두들 이것이 사실이 아니라는 걸 알고 있다. 적어도 과거의 대서사에 대해서는 말이다. 하지만 그렇게 말할 용기는 없다. 주교가 아닌 이상, 그럴 수는 없다.

과거의 종교는 죽었다. 이제 와서 돌아보면, 과거의 종교는 참으로 요상하고 미개한 거였다. 그렇지만 전성기 때는 어떤 면에서 지적이고 창의적인 힘과 아름다움이 있었고, 그래서 어떻게 그렇게 오랜 기간 그렇게나 많은 사람들에게 진실일 수 있었는지 알아보는 것은 의미가 있다. 대략 1850년 정도까지는 영국의 교육받은 일반인이 이 모든 것이 진실이라고 생각할 수도 있었다. 하지만 빅토리아 시대에 "신앙의 위기(crisis of faith)"가 일면서 조지 엘리어트(George Eliot), 매튜 아놀드(Matthew Arnold), 존 러스킨(John Ruskin) 등등 수많은 지식인들이 이제 게임이 끝났다는 것을 깨닫게 되었다.

둘째로, 세속적 인본주의(secular humanism), 즉 이성, 사실, 경험, 양심, 인간 본성 등에 관한 보편적인 생각 몇 가지에만 호소하는 순수과학에 기초한 세속적 인본주의로 기독교를 대체하겠다는 계몽주의의 발상은 실패라는 것이 드러났다. 야망이 악몽으로 끝나고 만 것이다.

셋째로, 그래서 나는 우리를 이 악몽으로부터 꺼내 줄 새로운 대서사 신학이 필요하다고 주장하려 한다. 이전 글에서 나는 이것에 대해 일부 암시한 바 있고, 이제 여기서 좀 더 자세히 언급하려 한다. 나는 새로운 서사를 제시할 것인데, 온전히 세속적이고 과학과 철학의 최신 내용을 담고 있으면서 모순은 없고 종교적인 것이다.

이런 새로운 과업은 **우주적** 역사를 개량하여 새롭게 제시하려는 것이 아니다. 차차 알게 되겠지만, 우리의 "이상적 문화(ideal culture)"의 역사를 설명하려는 과업이다. 인간이 동물과 다른 주된 면은 자신을 둘러싼 세상의 온갖 문화적 생각들을 머리에서 머리로 전달한다는 점이다. 우리는 자극에 반응할 때, 그리고 음식을 구할 때, 동물들처럼 단순하게, 생각 없이, 직접적으로 야생 세계에 접촉하며 살지 않는다. 우리는 머리 속에 이처럼 특이한 안내 체계(guidance-system)를 가지고 있고, 같은 종족 내의 다른 사람들과 이를 공유한다. 과거에는 이러한 안내 체계가 (거의) 모든 곳에서 종교적이었고 한 세대에서 다음 세대로 전통을 통해 이어졌다. 오늘날에는, 너무 많은 것이 너무 빨리 변하고 있어서 이러한 안내 체계가 처음에 어떻게 시작되었는지, 어떻게 작동했는지, 근대에 와서 이 체계에 무슨 일이 일어났는지를 알기가 어렵게 되었다. 그래서 우리의 새로운 대서사는 우리의 현재 모습이 있게 만든 전체 과정에 관한 세속적 이야기가 될 것이다. 이야기는 우리 머리 속에 있는 세상, 즉 내가 우리의 "이상적 문화"라고 명명했던 프로그램이 언어 사용, 신화, 깊은 문화적 가정, 신, 영, 성인(saints), 우리의 부모와 멘토, 명령, 금지, 평가 등을 통해 어떻게 구성되어 있는지를 보여줄 것이다. 이 많은 재료들로 구성된 본체는 수천 년에 걸쳐 서서히 발전해 왔다. 이 프로그램은 존재하는 유일한 세상, 다시 말해 우리의 세상뿐만 아니라 우리들 자신에 대해서도 언제나 틀(framer) 역할을 해 왔다. 우리는 종교적 인간(homines religiosi)이며, 우리의 머리 속에 있는 안내 체계에 의해 세상-속-인간들(humans-in-a world)로 지음받은 동물들이다. 우리 역사의 대부분의 경우에 이 프로그램은 종교적이었고, 우리의 진보적인 발전을 인도해 왔다. 하지만 갈릴레오에 대한 유죄선고 시기를 즈음하여 모든 것이 달라지기 시작했고, 우리에게 다음과 같은 질문을 남겼다. "우리가 살아가기 위해 그렇게나 오랜 기간 동안 우리가 종교적 사고라는 거대한 몸체에 의지해서 살아야 했던 이유는 무엇인가? 그리고 근대에 와서 종교가 스스로 너머로 우리를 인도하여 결국 종교가 더 이상 필요 없어 보이는 씁쓸한 현실을 어떻게 이해해야 하는가?" 간단히 말해서 나는 기독교적인 서사, 즉 하느님의 탄생, 생애, 죽음, 그리고 죽음 이후에 대해 종교적으로 이해 가능한 이야기를 원한다.

차차 알게 되겠지만, 새로운 서사는 타락과 구원에 관한 이야기가 아니라 우리가 어떻게 우리 자신이 되었는지를 낯설게 에둘러 들려주는 이야기이다. 그 서사는 동물적 경험의 극심한 혼돈에서 시작한다. 언어가 등장하면서 혼돈에 빛을 비추고 사물을 이해할 수 있게 만들면서 생명이 형성되기 시작한다. 그런 다음 종교의 역사는 언어를 통해 어떻게 세상이 구축되고 법이 정해지고 가치가 상정되고 장기적 행동 계획이 수립되고 실행되는지 등에 관한 서사로 발전한다. 모든 것은 처음에 초자연적인 차원에서 시작된다. 즉 신들이 우리를 위해 모든 것을 개척했다. 그러다 청동기 시대에 그 종교체계가 온전히 발달하게 되면서 "계몽된" 개인 비평가(예언자들, 철학자들)라는 새로운 종이 나타나 그 종교체계를 비판하여, 지금까지의 모든 과정이 지향해 온 목표가 인간이듯이 종교체계도 (신들의 활동이 아니라) 인간의 활동 속으로 다시 끌어내린다. 대서사는 예수의 갈릴리 설교와 새로운 신-인간의 삶의 방식(a new divine-human way of living)의 시작에서 정점에 이른다. 모든 서사는 그 다음 기독교 역사에서 놀랍도록 반복되는데, 중세기 동안 정교하게 발전시키는 과정으로 나아갔다가 종교개혁과 계몽주의를 거치며 현대적 개인, 즉 우발성(contingency)을 수용할 수 있으며 또한 두려움이나 씁쓸함 없이 사랑의 삶을 구축할 수 있다고 여기는 현대적 개인에게로 서서히 돌아온다.

    이 새로운 대서사는 대상화(objectification)와 회귀(return)라는 원형 운동을 기술하고, 기독교(그리고 세계의 일부 다른 종교)의 역사 속에서의 반복 또는 반향(after-echo)이 이어진다. 이 책 97쪽부터 그 내용이 도표 형식으로 시작되니까(특히 110쪽), 원한다면 바로 그리로 뛰어넘어도 좋다. 하지만 내용이 새롭고 꽤 어렵기 때문에 흡수할 시간을 갖는 것도 좋다. 나는 현대 물리학의 시대에 맞게 온전히 발전한 새로운 신학을 찾고 있고, 그래서 전통적 형태의 신앙과는 매우 다른 모습일 수밖에 없다. 하나 더 주목할 것은 그 종교체계가 구축된 계기와 붕괴된 계기가 전체 서사에 **똑같이** 중요하다는 점이다.

2010년 캠브리지에서
돈 큐핏

1장

"하느님" 용례

앞으로 나올 이야기에 대한 오해를 방지하기 위해, 널리 퍼져 있으면서 매우 초조하게 만드는 "하느님(God)"이라는 용어에 대해 미리 몇 가지 설명해 둘 필요가 있다.

현대 영어에서 "하느님"이라는 용어는 종교를 통칭하는 동의어로 쉽게 쓰인다. "하느님 시간대(god-slot)"란 말은 영국에서 매주 일요일 저녁 주요 방송사들이 종교적 내용을 방송해야 하거나 해야 했던 시간대이다. 충성스럽고 호전적인 인물로 악명 높은 총리의 언론 담당 보좌관이 한 언론인에게 "우리는 하느님을 다루지 않는다(We don't do God)"라고 내뱉은 사건은 유명하다. 이 말은 자기 관리를 하는 정치인은 누구도 종교 논쟁에 휘말리지 않을 것이라는 뜻이다. 비슷한 생각으로 나의 새로운 대서사에서, 특히 서두에서, 나는 "하느님"이라는 단어를 넓은 의미로 사용할 필요를 느낀다. 하느님은 초자연적인 세계 전체(whole supernatural world)를 나타낸다. 즉 처음엔 원형적인 신화적 동물들(archetypal mythic animals)과 여타 존재들의 세계, 다음엔 주로 영들(spirits)로 구성된 세계, 다음엔 하늘-아버지(Sky-Father)의 통치 아래 여러 신들이 있는 다신론 세계, 그리고 마지막으로 유대교, 기독교, 이슬람 전통의 "아브라함 유일신교(Abrahamic monotheism)" 속의 대문자로 표기하는 하느님(God)을 나타낸다. 따라서 "하느님"이라는 단어는 처음엔 보이지 않는 희미한 존재들과 권세들(Powers) 간의 복잡한 난투를 가리키다가, 수천 년이 지난 뒤에야 조직화되고 중심 잡히고 통일되어 결국 유일신(the One God)으로 완결된다.

우주론과 심리학도 비슷한 과정을 따라 발전했지만, 대개는 좀 더 나중에 발전했다. 사람들이 한 장소에 정착하고 나서야 세상은 서서히 세계의 축(axis mundi)을 중심으로 자리 잡고, 법의 지배를 받고, 통합되기 시작했다. 이 과정은 마침내 근대 시기에 와서야 완전히 끝이 났다. 자아(self), 즉 복수 형태로 시작해서 오랜 기간 복수 형태로 남아 있었던 자아에 대해서도 비슷한 이야기를 할 수 있다. 심지어 오늘날에도 우리는 "몸, 정신, 혼(body, mind and spirit)"이라는 말을 종종 들을 수 있는데, 이 말은 인간의 자아(human self)가 여전히 중심을 잡지 못하고 통합되지 못했다는 걸 나타낸다.

인간의 자아와 세상에 관한 거의 모든, 어쩌면 그냥 단순히 모든 기본적 생각들이 하느님과의 관계 아래 개척되었다는 의미에서, 신학이 학문의 여왕이었다고 (일부의 눈에는 여전히 여왕이라고) 주장할 만한 자명한 경우들이 있는 것으로 보인다.

예를 들어, 우리 조상들이 유랑하며 수렵-채집 생활을 그만두고 정착해서 농업활동을 시작한 것은 인간 발전에서 매우 큰 걸음이었다. 이것은 유목민에게는 너무나 엄청나서 떼기가 쉽지 않은 걸음이었고, 지배, 영토, 법률, 토지, 재산, 상속, 고정된 돌 집(stone house), 경계, 돈, 매매 등등의 완전히 새로운 제도를 요구하는 것이었다. 도대체 어떻게 유목민들은 스스로를 설득해서 이런 미지의 세계로 뛰어들 수 있었을까? 심지어 그들에게는 자기들 앞에 놓인 문제에 대해 **논의할** 언어조차 아직 없었다.

그렇지만 그들은 해낼 수 있었다. 하느님이 히브리 성경(구약성경) 독자들 모두에게 익숙한 방식으로 그 길을 이끌었기 때문이다. 하느님은 자신의 대변인들을 통해 언제까지나 자신의 백성 앞에서 행진하며 천막에서 살며 유랑하지는 않을 거라고 선포했다. 하느님은 정착하기를 원했다. 하느님은 땅을 선택하고 자신의 백성에게 상속해 줄 거라고 약속했다. 하느님은 정착하고자 했다. 끊임없이 움직이는 날개 단 영(a winged spirit)이 되기보다, 가만히 앉고자 했다. 거룩한 도성의 중심에 위치한 고정된 돌 성전(stone House) 안에 웅장하게 좌정하고자 했다. 이 권좌에서 거룩한 땅의 모든 생명을 다스린다 … 유목민이 처음에 인간의 모든 역사를 통틀어 매우 위대한 변화 중 하나인 **문명화**(civilization, 도시를 뜻하는 *civis*가 어원)를 상상하고 다음에 그걸 수용하도록 설득된 것은 종교적 사고를 **통해서였다**.

이 사례는 우리를 또 다른 생각으로 이끈다. 예컨대, 유목민들은 **의자**를 갖고 다니지 않는다. 그런데 법궤(the Ark)가 이동식 보좌라는 점에서 하느님이 의자를 창시한 것이고, 하느님의 보좌(God's throne)로부터 높은 자리들(top seats), 즉 왕, 주교, 판사, 교수, 대통령(president는 라틴어로 "먼저 앉는다"는 뜻), 의장 등등의 자리와 같은 모든 종류의 높은 자리들이 유래한다. 비슷한 예로, 청동기 고고학을 통해 우리는 초기 정착 형태가 정돈되지 않은 채 뒤죽박죽이었다는 것을 알 수 있는데, 최초의 똑바른 **길**은 인간을 위해서 만들어진 게 아니라 신들이 연례행사로 사람들 앞에 보여주기 위해 행차할 수 있도록 만들어진 것이다.

이런 사례는 끝도 없이 많다. **휘장**(커튼)도 좋은 예다. 초창기에 휘장은 신의 거룩함을 보호하는 용도였고(성전의 휘장을 기억하는가?), 마을 근처 신전 안의 제단 기둥 사이에 걸어 두어 제단을 가리던 초창기 휘장이 유물로 남아 있다. 이제 휘장은 우리의 **사생활**을 보호한다. 오늘날의 인간 사생활과 그에 따른 권리는 역사적으로 자신의 "성소" 안에서 사생활을 원했던 신의 욕구에서 유래한 것이다. 모든 신학적 용어와 모든 하느님의 특권은 시간이 흐르면서 민주화되고 세속화되는 경향이 있다. 마찬가지로 신에 대한 섬김이 시간이 흘러 왕에 대한 섬김으로, 가족을 향한 섬김(domestic service, 역자주: 집안일)으로, 대중을 향한 섬김(public service, 역자주: 공공 행정)으로 변해갔다.

이제 우리는 이 책의 주된 논제 중 하나를 얼핏 알아볼 수 있게 되었다. 우리는 우리 머릿속에서 전달하는, 그리고 우리가 의지해 살아가는 복잡한 생각 덩어리, 즉 우리의 "이상적 문화"의 도움으로 우리 자신을 삶과 연결시킨다는 점에서 다른 동물들과는 다르다. 우리는 모국어를 배우면서, 그리고 우리 사회에서 온전히 기능하는 구성원으로 자라면서 이것을 모두 들이마신다. 이것은 원래 부족의 풍습이나 말하는 방식보다 훨씬 많은 것들로 구성되어 있었다. 원래는 복잡한 종교 이념(religious ideology)이었던 것이다. 종교는 원래 고도로 진보적인 힘(a highly progressive force)이었으니 말이다. 오직 종교만이 게을러 망설이는 동물을 언어에 눈뜬 근대 인간이 가지는 세상-속-존재라는 의식의 빛 가운데로 이끄는 데 필요한 **간접성**(indirectness)과 온전한 **능력**(power)을 가지고 있다. 오직 종교만이 유목민을 정착하도록 강제하고, 이들을 영토에, 정치체제에, 재산권에, 축제에, 시장에, 기타 등등에 묶어둘 힘을 가지고 있다.

지금까지 기술한 원리를 이제는 훨씬 넓은 차원으로 확장할 수 있겠다. 이 문제를 다루는 대부분의 친숙한 신화들에 따르면, 하느님이 의식을 가진 첫 번째 인물이었다. 즉, 질서정연하고 빛이 밝혀지고 통합된 세상을 보고 그것이 자신의 세상이라는 것을 처음 안 분이었다. "숲 속의 뭇 짐승이 다 내 것이요, 산 위의 많은 가축들이 다 내 것이 아니냐?" 그가 자랑스럽게 외친다.[1] 그렇다. 종교는 원래 고도로 진보적인 제도(a highly progressive institution)였다. 종교는 처음에 우리 자신과 우리 세상에 관한 가장 기본적인 생각들을 만들어 냈고, 그런 다음 서서히 우리에게 전달해 주었다. 종교는 우리를 자연으로부터 끌어냈고, 우리를 인간으로 만들었다. 이것이 하느님이 우리를 창조했다는 말의 진정한 의미이고 유일한 의미이다. 우리는 여전히 하느님의 형상대로 만들어진다.

    시간이 흐른 후 종교는 하느님을 우리의 시작이자 우리의 끝으로, 우리의 알파와 오메가로, 우리 존재의 최초 기반이자 최후 목적으로 기술한다. 인간의 기원으로 뒤돌아 가보면, 하느님을 우리의 "시작"이라 말하는 이야기들에는 종교 영역의 독특한 중심성과 권위를 알아볼 수 있도록 우리를 돕는 기능이 있다. 이 기능이 지금의 우리를 만들었다. 반대쪽을 바라보면, 즉 앞쪽을 보면, 하느님에 대한 생각이 과거의 행동양식, 세상과 자아를 구축하는 과거의 방식을 비판하며 거부하고, 더 높고 새로운 차원의 의식, 자유, 텅 빔(Emptiness) 등으로 나아가라고 끊임없이 우리에게 요구한다는 것을 볼 수 있다. 과거의 방식은 언제나 더 견고해 보이고, 이를 버리는 것은 언제나 신앙을 잃고 암흑과 텅 빔으로 이동하는 것처럼 보인다. 그러니 하느님이 형태가 없고(featureless) 어둡고 비어 있어 이해 불가(incomprehensible)라는 내용이

---

[1] 시편 50:10.

언제나 정통 교리의 일부인 것이다. 하느님께 가까이 가면 갈수록 더욱 더 자유로워지며 더욱 더 비워진다.

대체로 16세기 말 정도까지 종교는 인간사에서 진보적인 힘을 유지했다. 하지만 과학이 발전하자, 세상에 대한 새로운 과학이론들이 이 구역을 꽉 잡고 있는 것으로 보였던 오랜 종교 교리들과 견주고 비교하고 하는 것은 충분히 자연스런 일이었다. 그 중에서도 특히 갈릴레오는 아리스토텔레스의 자연철학을 허물고, 하느님이 수학자요 공학자라고 선언한 것으로 유명하다. 이런 배경에 비추어볼 때, 특히 영어권 세계에서 하느님을 생각하는 방식에 커다란 변화가 일기 시작했다. 즉 플라톤과 이후 플라톤주의자들의 철학에 주로 기반한 과거의 형이상학적 하느님은 성경 시대 이후로 선의 형상(Form of the Good)이요, 소망의 초월적 대상이요, 신비롭고, "초월적 존재"이자 불가사의한 어둠 속에 거하는 분이었다. 13세기 이후 이러한 고전적인 형이상학적 유신론은 아리스토텔레스의 존재에 관한 형이상학과 자연철학을 대거 수용하면서 어느 정도 수정된다. 하지만 지금은, 과학이론의 급작스럽고도 엄청난 영향 때문에 과거의 플라톤-아리스토텔레스 철학의 하느님은 빠르게 쇠퇴하였다. 이를 대체하기 위해 좀 더 과학적인 하느님이 새롭게 고안되었으니, 바로 설계 논증의 하느님(God of the Argument from Design)이다. 이 새로운 하느님은 플라톤의 〈티마이오스 Timaeus〉에 나오는 인물인 "데미우르고스(Demiourgos)"에 기반하였다. 데미우르고스는 유한한 창조주요, 수학자요, 공학자였다. 새로운 수학적 우주에서 하느님께로 가는 과거의 방식(세상의 형상인[形相因, formal cause] 또는 궁극인[窮極因, final cause] 등으로서)은 차단되었지만, 여전히 세상이라는 기계가 어떻게 그렇게 우아하게 설계되었는지, 특히 생물들이 어떻게 그렇게 작으면서도 우아하게 설계된 기계로서 각자의 삶의 방식에 완벽히 적응하게 되었는지를 설명하기 위한 경험적 가설로서 하느님의 존재를 주장할 수 있을 것으로 보였다.

영어권 세계에서 이러한 나름 기발한 하느님 철학(philosophy of God)은 빠르게 큰 인기를 얻었고, 뉴턴과 다윈 사이의 여러 왕립협회 신학자들에 의해 대를 이어 열심히 전파되었다. 하지만 이는 당대의 지적 요구에 대한 피상적 반응일 뿐이었고, 18세기 들어 흄(Hume)과 칸트(Kant)가 그 한계를 지적하고 강하게 논박하였다. 그럼에도 불구하고, 쉽고 편리하다는 점 때문에 다윈의 포괄적인 논박에도 아랑곳없이 복음주의 개신교는 오늘날까지 여기에 매달려 있다. 과거의 형이상학적 유신론의 초월적 하느님(the transcendent God)과 이미 존재하는 물질로 세상을 만든 유한한 설계자(the finite Designer) 사이에 있는 간격의 크기를 아는 사람이 여전히 별로 없는 것 같다.

특별히, 하느님은 **우주생성론**(cosmogony)에 거의 배타적으로 연관되어졌다. 즉 넓게는 우주의 기원에 대해, 좁게는 (인류를 포함한) 생명의 기원에 대해 준과학적(quasi-scientific) 이론을 세우는 우주생성론에 하느님은 거의 배타적으로 연관되어졌다. 종교에서 삶의 이상적인 **목표**를 갈망하고 추구하는 면은 사라져버렸다. 그리고 오늘날까지 복음주의자들은 비판적 사고를 종교적 사고에 적용하는 것을 거부하고 있으며, 영성(또는 "금욕 신학")은 전혀 없다. 그런데도 놀랍게도 이들은 자신들을 "전통 기독교 신자"라고 말한다. 사실 이들의 기독교는 홍콩 사원의 "불교"처럼 패이고 축소되었다. 그러니 사람들은 이들에 대한 도킨스(Dawkins) 교수의 공격에 그저 박수를 칠 따름이다.

요약하자면, 과학혁명 시기를 거치며 하느님 개념에서 과거의 그 진보적인 힘이 많이 사라졌다. 질서가 존재한다는 것, 생명체가 자신의 환경에 잘 적응한다는 것 등을 설명하기 위한 경험적 가설로서 하느님의 어설픈 "실재론적(realistic)" 개념을 변호하기 위한 노력에 사로잡힌 나머지, 사람들은 전통적인 신비신학(mystical theology)과의 접점을 잃어버렸다. 18세기 중엽이 되자 과거의 형이상학적 유신론은 최소한 영어권 세계에서는 사망선고를 받았다.

이 모든 것이 이 책에서 제시하는 새로운 대서사가 전통적인 대서사와 왜 그렇게나 다른지를 설명해 준다. 새로운 대서사는 헤겔(Hegel)의 서사를 닮았지만 훨씬 영어식으로 표현된다. 새로운 대서사는 우리의 이상적 문화에 대한 일종의 역사(history of our ideal culture)가 될 것이며, 종교적 사고가 발달하는 가운데 먼저는 하느님, 다음엔 세상, 그 다음엔 우리 자신이 어떻게 만들어지고 발전했는지를 설명해주는 것이 될 것이다. (어떤 면에서는) 우리가 하느님을 만들었다. 그런 다음 하느님이 서서히 우리와 우리의 세상을 현재의 모습으로, 또한 현재의 모습이 되어가도록 만들었다.

2장

"세상" 용례

윌리엄 셰익스피어의 필적하기 힘든 문학적 지위를 고려한다면, 사람들이 셰익스피어의 전기를 쓰려고 한다고 해서 놀랄 일은 아니다. 그런데 셰익스피어가 살던 시절은 사람들의 삶을 좀 더 잘 기록하기 위한 작업이 막 시작되던 때였다. 예를 들어, 교구 교회 교적부가 처음 기록된 건 셰익스피어가 태어난 해였다. 문학 장르로서의 전기는 아직 존재하지 않았다. 그래서 오늘날 셰익스피어 전기 작가가 되려는 사람은 셰익스피어에 관한 신상 정보 중 지금까지 살아남은 일부 부스러기를 가지고 덩어리를 구축해 내야 하는 과업에 맞닥뜨리게 된다.

어떻게 이 작업을 할 수 있을까? 일단은 셰익스피어가 살던 **시대**(age), **시기**(times), **환경**(milieu), **삶의 정황**(Sitz-im-Leben)에 대한, 간단히 말해 그의 **세상**(world)에 대한 세부 묘사를 구축하는 것이다. '세상'(world)은 "한 사람의 나이"를 뜻하는 고대 게르만 복합어인 'w(e)oruld'에서 왔으며, 네덜란드어 'wereld'와 독일어 'Welt'와 연결된다. 우리 모두는 우리의 세상과 서로 깊게 얽혀 있다. 그래서 만약 우리가 우리에게 남겨진 셰익스피어의 신상 정보 조각들을 한데 모으고, 소네트 등의 작품으로부터 얻을 수 있는 그의 됨됨이에 관한 증거와 그의 "세상"에 관한 세부 지식 등을 더하면, 아마도 그 사람의 초상을 어느 정도 불러낼 수 있을 것이다.

따라서 일상생활에서 "세상"이라는 용어의 주된 용례는 한 사람이 살아가는 사회적 문화적 환경 전체를 말하는 것이다. 즉 세상과 그의 **부인**(the world and his wife)이라는 말은 "모두(everyone)"를 뜻한다. 때로 우리는 사회가 어떤 사람의 생각을 모두 지배하고 가치관을 좌우하도록 허용해서는 안 된다는 의미를 나타내기 위해 이 단어를 쓴다. 세상의 **사람**(a man of the world, 역자주: 세상 물정을 잘 아는 사람)이라는 말이 그런 경우다. 그런 사람은 **세상에서 위로 올라갈**(go up in the world, 역자주: 출세하다) 것이다. 하지만 지나치게 **세상적인**(worldly, 역자주: 속물스러운) 것은 좋지 않다. 어쨌거나 우리 모두는 우리가 살고 있는 시기에 의해 형성되기도 하고, 그 시기를 형성하는 데 역할을 하기도 하면서 그 시대에 속한다는 점은 사실로 남는다.

이 논의의 결론은 세상이 존재하려면, 그 세상에 속하는 사람이 적어도 한 사람은 있어야 하고 대개는 많은 사람이 있어야 한다. 주인 없는 세상은 없다. 세상은 인간 주체나 생물에 의해 스스로의 주변에 투사되어 나타나거나 구축된 뒤, 개인 동굴, 영토, 거실, 작업장, 부엌, 잠자리 등이 된다. 특히 인간은 워낙 사교적이며 교류를 좋아해서, 거대한 인간 집단(전체 사회)이 시간이 지나면 매우 규모가 크고 고도로 차별화된, 언어로 구조화되고 불이 밝혀진 공동 세상을 구축하게 된다.

우리 인간만이 이렇게 강력한 마지막 의미의 세상을 가진 것처럼 보인다. 하지만 폰 프리쉬(von Frisch), 쾰러(Köhler), 로렌쯔(Lorenz), 라크(Lack), 틴베르헌(Tinberhen) 등이 한 세대 전에 동물 행동 연구에 착수하면서 확실히 상황이 달라졌다. 여러 동물들이 텃세, 사회 구조, 의사소통 체계, 습득 기술의 "문화적" 전달, 어느 정도의 주관성 등을 가질 수 있고 실제로 가지고 있는 것으로 보인다. 그렇다면 우리는 많은 동물들이 세상-속-자아(a-self-in-a-world)가 되어가고 있다는 것을 인정해야 한다. 이제 인간과 동물 사이를 날카롭게 구분했던 데카르트(Descartes)의 작업은 오류였고, 반면에 그 연속성을 믿었던 라이프니쯔(Leibniz)가 더 옳았던 것으로 보인다.

몇 년 전까지만 해도 우리는 동물에 대한 이론들을 갖고 있지만 동물은 우리에 대한 이론들이 없다는 점에서 나는 둘 사이에는 커다란 차이가 있다고 말했을 것이다. 우리는 동물을 보며 동물이 동물 되게 하는 것은 무엇인지 궁금해 하고, 동물이 우리에 대해 사색할 수 있을까를 궁금해 한다. 그런데 이제 나는 어떤 경우에, 특히 돌고래의 경우, 두 종 사이의 장벽을 그들 쪽에서든 우리 쪽에서든 창의적으로 넘어설 수 있을 것으로 본다. 동물들도 우리가 그러듯이 다른 종에게 애착을 느낄 수 있고, 물에 빠져 익사 위험에 처한 인간을 자기들끼리 돕듯이 물 위로 건져줄 수도 있다.

이제 동물과 인간 사이에는 온전한 연속성이 있다고 볼 수 있다. 역사적으로 인간의 세 가지 위대한 점, 즉 언어, 의식(consciousness), 세상은 우리의 동물 경력으로부터 지속적으로 모두 함께 진화해 왔으며, 우리 조상이 동물이기를 멈추고 인간이기를 시작한 명확한 지점은 없다. 하지만 일반 철학 영역에서는 인간이 지속적인 성장단계로 돌입하게 된 것은 언어와 의식과 세상이 모두 함께 나란히 발전하고 모두 함께 공존하다가 마침내 간극(gaps) 없는 연속체가 되었을 때였다고 말할 수 있다. 언어에는 구멍이나 간극이 없다. 즉 이론상 언어는 모든 것을 포함하고 다룬다. 시간이나 시야에 구멍이 없듯이 의식에도 구멍이 없다. 마찬가지로 자연 세상에는 구멍이 없다. 언어와 의식과 세상이 온전히 연속된 상태가 되었을 때, 그제야 비로소 인간은 마치 유산을 상속받듯이 자신의 인간 세상으로 "들어가게" 되고, 역사 속으로의 돌입이 일어난다. 우리는 이 날이 언제였는지 분명하게 알지 못하고, 아마도 앞으로도 알 수 없을 것이다. 하지만 나는 후기 구석기 시대 중 어느 때라고 보고, 이 과정을 온전히 마친 것은 꽤 최근이라고 본다. (내가 잠정적으로 이렇게 늦은 시간대를 고른 이유는 우리가 이제 아는 것처럼, 언어와 문화가 매우 빠르게 진화할 수 있기 때문이다.)

여기까지의 결론으로 나는 초기 세상은 단순히 인간의 세상이었으며, 우리가 약속한 새로운 대서사는 현대 인간 자아가 자신의 인간 세상 안에서 생성되고 어른으로 자라나는 길고 낯설고 에두른 이야기를 들려줄 것이다. 나는 일상생활의 세상, 즉 누군가의 세상이어야 하는 인간의 "생활세상"(lifeworld)과 그렇지 않은 자연과학의 "세계"(the Universe)를 암암리에 구분했다. 그리고 이 구분은 오랜 기간 라틴어에서 *saeculum*과 *mundus*를, 헬라어에서 *aion*과 *kosmos*를 구분해온 것과 비슷하다.

현대 자연과학이 빠르게 발전하며 큰 명성을 얻게 되면서 최근 몇백 년 사이에 세상(world)과 현대 우주론의 세계(the Universe)를 동일시하려는 경향이 나타났다. 사람들은 "하느님의 세상 창조"를 현대 용어로 하느님이 빅뱅(Big Bang)을 일으킨 것으로 재기술할 수 있다고 생각하기 시작했다.

하지만 이는 심각한 오해이다. 물리학은 인간을 다루지 않는다. 물리학이 설명하는 세계는 일반적인 인간의 생활세상(lifeworld) 안에서 합쳐지고, 또한 생활세상 안에서부터 밖으로 투사된 이론적 구조물일 뿐, 생활세상이 여전히 더 중요하다. 이론을 검증하기 위한 실험은 언제나 우리 생활세상 안에서 일어난다. 빅뱅이나 "최초의 단일성(initial singularity)" 같은 것은 가정으로서, 물리학 이론이 최대한 거슬러 갈 수 있는 한계점이다. 이론상 그것은 하느님이나 다른 어떤 것에 의해 **초래될 수 있는 어떤 것이 아니며**, 이론상 우리나 다른 누군가가 관찰할 수 있는 어떤 것이 아니다. 그러므로 우리 인간 세상의 감각(sense)에서 그것은 "실제 사건"이 아닌 것이며, 빅뱅 "이전의" 무언가에 대해 이야기하거나 생각한다는 것은 불가능하다. 마치 북극점에 도달한 뒤에 북쪽으로 계속 여행한다는 것이 불가능한 것처럼 말이다.

그러므로 내가 일찌감치 제안했던 것처럼, 우리가 하느님의 세상 창조에 대해 말할 때는 우리가 우주(the Cosmos), 세계(the Universe), (때때로) "자연"(Nature)이라고 부르는 이론상의 2차 구축물을 말하는 것이 아니다. 그것 대신에 우리가 말하는 것은 하느님이 인간을 만들 때 인간들이 자신들의 인간 세상을 온전히 소유하도록 했다는 것에 관한 것이다. 이 과정은 만 년 이상 걸렸을 것이며, 최근에야 마무리되었다. 우리가 말하고 있는 것은 종교적 사고의 역사에 관한 것이다. 왜냐하면 인간이 통합된 자아(unified self)가 될 수 있도록, 안정되고 통합되고 법에 따라 다스려지는 세상을 지지하며 고대할 수 있도록, 그런 세상이 자신들의 것이자 자신들이 살아가며 삶의 역할을 수행할 무대로 여길 수 있도록 꾸준히 돕는 것이 종교이기 때문이다. 우리가 이미 제안했던 것처럼 하느님은 1인칭 단수였고, "나다(I am), 그리고 이것은 내 세상이다. 이 안에서 나는 내가 계획한 행동을 나타내고 구현할 수 있다"고 처음으로 말할 수 있는 분이었다. 모든 것은 하느님을 **통해서만** 상상될 수 있었고, 수천 년이 흐르며 우리가 처음에 하느님으로부터 유래한 것이라고 여겼던 것들이 차차 우리 자신에게로 넘어왔으며, 결국 우리의 것이 되었다. 정리하자면, 오랜 기간에 걸쳐 하느님은 무로부터 모든 것을 창조했고, 우리가 서서히 그 모든 것이 되어가도록 했으며, 마침내 자신이 온전한 인간이 되어서 우리 안에서 죽었다.

그러므로 우리가 상상할 완전히 새로운 대서사는 우리가 어떻게 하느님을 통해, 또는 종교를 통해 오랜 기간에 걸쳐 우리 자신이 되었는지, 그리고 이 세상 속에서 살아갈 우리의 삶을 상속받고 그 삶을 살아가게 되었는지에 관한 이야기이다. 우리가 무엇이 될 수 있을지 상상할 수 있도록 하고 또한 그렇게 되도록 꾸준히 도운 분은 하느님이다. 결과적으로 우리의 미래 발전상을 하느님을 통해 우리 자신에게 제시하기 위해 우리는 하느님을 창조한 것이다. 하느님은 우리가 갈망할 대상이다.

3장

태초에

눈을 감아 보라. 무엇이 보이는가? (두 눈이 제대로 조정할 수 없기 때문에) 살짝 초점이 맞지 않은 상태로 희미한 빛의 작은 조각들이 어둠을 배경으로 파도가 치듯, 거품이 일듯, 깜빡이며 난리치는 모습을 볼 수 있을 것이다. 그 점들이 너무 작아서 각각의 점들이 망막의 간상체(杆狀體)나 추상체(錐狀體)에 하나씩 연결된 것은 아닌지 궁금해진다. 눈앞의 모든 것이 끊임없이 어른거리고 휙휙 움직인다. 내게는 연두색 빛의 반점들이 둥둥 떠 있는 것으로 보인다. 창문을 보고 있다가 막 눈을 감았을 때 남은 잔상이다. 다른 예로 내가 체험할 수 있는 일 중 제일 이해가 쉬운 걸로 누군가 내 감은 눈꺼풀 가까이서 불을 켜거나 전등을 비출 때의 갑작스런 불빛을 들 수 있다.

이것이 매우 손쉽게 최초의 혼돈(the Primal Chaos), 즉 아직까지 언어에 의해 빛이 비치지 않았고, 형태화되지 않았고, 안정화되지 않은, 또한 의식 속에 가려진 세상에 대한 동물의 경험에 접근해 볼 수 있는 방법이다. 다른 감각으로도 비슷한 것을 경험할 수 있다. 명확한 "형태를 갖춘" 이런 저런 소리 뒤로 언제나 희미하게 쉭쉭거리는 소리, 탁

탁거리는 소리, 후두둑거리는 소리 등 녹음 담당자들이 "애트모스"(atmos)라고 부르고 아마추어 무선사들이 "백색 소음(white noise)"이라고 부르는 소리들이 존재한다. 청각으로 설명하자면, 세상에서 언어를 **빼면** 백색 소음이 된다. (음악은 그 자체로 소음을 이해할 수 있는 아름다운 소리로 형태를 바꿔준다. 음악은 이미 언어다.) 촉각의 경우, 우리의 몸은 약한 자극은 어느 정도까지는 그냥 무시하는데 그 범위와 복잡도가 상당히 크다. 여기에는 온도, 맥박과 호흡, 다양한 정도의 근육 긴장, 온 몸의 피부 등의 감각이 포함된다. 바로 지금, 여러분 얼굴의 각 부분은 여러 감각들이 매우 복잡하게 연결되어 있다. 특히 입과 목구멍, 눈구멍과 코 점막, 볼과 귀 등이 그렇다. 우리는 신기하게도 이것들에 거의 주의를 기울이지 않는다.

이제 눈을 감았을 때 보이던 검은 시야 속의 번쩍이고 아른거리는 점들로 돌아가 보자. 이번에는 눈을 뜨고서 아까와 마찬가지로 집중하여 하늘이나 흰색 벽을 쳐다보라. 반짝이는 작은 점들이 잔뜩 모인 화면이 여전히 보일 것이다. 그 화면은 마치 아주 얇은 면사포처럼 흰색 배경에 걸려 있다. 즉 이것은 어쩌면 언어가 형성한 구름과 하늘 또는 벽이라는 외부 실체와 당신 사이에 있는 요정이 선사한 번쩍이는 사슬 갑옷으로 된 커튼일 수도 있다. 조금만 주의를 기울이면 최초의 혼돈이 하늘하늘한 안개의 형태로 어디에나 있다는 것을 알 수 있다. 마치 "애트모스"의 희미한 소리가 언제나 우리 귀에 속삭이는 것처럼 하늘하늘한 안개는 언제나 우리 눈앞에 매달려 있다.

감긴 눈으로 되돌아가서, 점들이 모인 검은 시야가 얼마나 텅 빈 구조인지 생각해 보라. 그 시야는 유한하고 일시적일 뿐인데, 여기서의 시간은 선형(linear)이 아니다. 그것은 "어디든 가되" 일정한 방식으로 가지 않고, 여러분의 눈에 보이는 것 중 잔상들 빼고는 안정된 모양이나 형태를 가진 것은 없다. 이제 여러분이 관찰해야 할 것은 이러한 혼란스런 텅 빔이 자아 역시 비운다는 점이다. 이것은 여러분을 단순한 한 점, 최소한의 관찰자로 만든다. 세상이 (또는 타자가) 비어 있다면, 자아도 비어 있는 것이다. 안정된, 질서정연한 세상이 있기 전까지는 안정된 자아가 있을 수 없다.

이러한 묵상은 혼돈, 즉 사물의 근원이자 최초이자 전의식(preconscious) 상태라는 개념에 여러분이 익숙해지도록 돕기 위해 소개한 것이다. 현대 물리학에서 절대 진공(absolute Void)은 없다. 왜냐하면 절대 영도(-273℃)에서도 여전히 입자들이 나타났다 사라졌다 하면서 희미한 간섭무늬와 충돌 현상이 일어나기 때문이다. 절대 존재(absolute Being)도 없고 절대 무(absolute Nothingness)도 없다. 존재란 단지 확률의 문제일 뿐이다. 절대 영도에서 일어나는 아주 작은 발포(發泡) 현상을 "양자 거품(quantum foam)"이라고 부른다. 비슷한 방식으로 나는 모든 지각력을 가진 생물(sentient organism), 즉 예민하게 떨리는 지각 표면을 가진 생물은 모두 약간의 (그리고 약간만의) 지각력과 주관적인 삶을 가지고 있다고 주장하는 바이다. 그리고 나는 우리가 눈을 감을 때 보게 되는 것을 그러한 생물의 자연 이미지로 (또는 사례로) 제시하는 바이다. 그것은 감각이 낮은 수준에서 끊임없이 깜박이는 것일 뿐이다. 아직 언어도 없고, 실체(things)가 형성되지도 않았고, 통합된 세상도 없고, 자아도 없다.

초기 구석기 시대 또는 그 훨씬 전에 우리 모두가 그런 것이었고 그것이 우리가 가진 모두였다면, 우리는 어떻게 진보할 수 있었을까? 우리는 어떻게 언어와 의식과 자아와 세상을 발전시킬 수 있었을까?

이미 말했듯이 끊임없이 거품이 이는 배경에 더하여 지각과 감각의 섬광이 날카롭고 급작스럽게 일어날 때가 있는데, 특히 생물학적으로 중요한 뭔가가 자신을 나타낼 때 그렇다. 스스로를 나타낸 실체는 잠재적인 포식자이거나, 경쟁자이거나, 잠재적인 짝이거나, 누군가의 후손에게 위협이 되거나, 설명되지 않은 갑작스런 소음이거나 움직임일 수 있다. 그리고 몇 가지 다른 가능성도 있다. 그런데 그 생명체가 갑자기 확고한 정지 및 주의집중 상태에 돌입할 때, 그 생명체는 갑자기 나타난 자극을 빠르게 **분류해야** 한다. 분류가 정확해야만 가능한 한 빠르게 적절한 반응을 만들어낼 수 있다.

여기서 간단하게 "자극 일반화(stimulus generality)"라는 생물학 용어를 소개하려고 한다. 어떤 생물이 생물학적으로 의미 있는 자극에 대해 반사작용이든 학습된 반응이든 적절한 반응을 보인다고 말할 때, 우리가 말하는 것은 매번 **정확히** 그 자극이어야만 한다는 것이 아니라 동일한 반응을 일으킬 수 있는 일정 **범위** 내의 표상(presentation)이면 된다는 것이다.(행동심리학자들은 오래 전에 이것을 발견했다.) 표상이 일정 **범위** 안에 있으면 겁먹은 맹수에게 위협을 느끼는 경우라고 여길 수 있다. 표상이 일정 **범위** 안에 있으면 그 생명체는 맞서 싸워야 할 경쟁자를 만난 것으로 여길 수 있다. 표상이 일정 **범위** 안에 있으면 그 생명체는 짝짓기 후보가 다가온다는 걸 깨닫고 구애 행동을 시작할 것이다. 윌리엄 제퍼슨 클린턴(William Jefferson Clinton, 역자주: 미국의 42대 대통령인 빌 클린턴) 사건에서 종종 언급되는 것처럼 말이다. 이제는 의식, 언어, 지식, 종교의 최초 기원에 관한 몇 가지 이론을 이야기할 때가 무르익은 것 같다.

1. 지각 있는 생명체가 생물학적으로 의미 있는 자극에 대해 매우 빠르게 적절한 반응을 보이는 능력은 가장 간단하고 초보적인 행동이다. 그런데 이것이 제대로 작동하려면 생명체는 특정 영역의 표상을 포식자 동물로, 다른 영역의 표상을 먹이 동물로, 또 다른 영역을 짝짓기 대상, 즉 같은 종 내의 발정난 이성으로, 또 다른 영역을 잠재적 위험으로, 또 다른 영역을 내 새끼에 대한 위협으로, … 등등 **분류하고** 각각의 경우마다 적절한 행동 반응을 오류 없이 수행할 수 있어야 한다. 이 말은 다양한 특정 표상들이 매우 빠르게 속하게 되는 보편 용어(a Universal Term), 다른 말로 보통명사(common noun), 부류 이름(class name), 표준 사례(standard example), 유형(Type) 또는 종류(Kind) 등으로 표현되는 보편적 개념을 이 생명체가 이미 사용한다는 것이다.

2. 간단히 말해서, 보편은 표준으로서, 모든 종류의 사례에 대해 행동을 안내한다. 이것은 매우 중요하다. 이것이 **처음**(first)이다. 이것은 신호(the Sign)다. 이것이 세상을 이해 가능하도록 만들고, 생명을 인도한다. 이것은 생존에 꼭 필요하다. 가장 초기의 인간은 동물 한 종만, 아니면 몇 종에 대해서만 사냥하거나 길렀다. 그래서 그 동물로부터 강력한 자극(incentive)을 얻을 수 있었고 그 결과 그 종에 대해 연구하고, 자세히 관찰하고, 그 종의 전형적인 행동에 대해 매우 잘 알게 되었다. 또한 중요한 맹수들을 정확히 식별할 수 있는 자극도 얻을 수 있어서 재생산 사이클을 돌면서 단계마다 연관된 신호를 제대로 읽어 냄으로써 재생산 사이클을 정확하게 수행하게 되었다.

3. 이 모든 것은 현존하는 최초의 예술 작품이 동물과 인간 여자를 표현한 것이라는 점, 최초의 종교 물품이 토템상(totems)이었다는 점을 생물학적 관점에서 볼 때 이해할 수 있게 해 준다. 토템상의 동물은

보편적인 가젤이나 사자였는데, 그 종 전체의 표준이자 기준이며 시조이자 조상인 것이다. 그리고 토템의 전체 체계는 이상적 문화의 첫째 형태였다. 즉 환경에 대한 간단한 로드맵으로서 우리에게 무엇을 주의해야 하는지, 그리고 그것에 어떻게 반응해야 하는지를 정확히 알려주는 것이다.[1] 토템 동물은 자연스레 고대의 상상 속 존재(Mythic Being)인 영, 천사, 신 등으로 발전했다. 그리고 신을 동물의 이미지로 표현한 것이 상대적으로 오래된 종교인 기독교와 힌두교 속에 오늘날까지 남아 있다. 사자, 양, 비둘기, 뱀 등이 그 사례이다. 군부대와 스포츠 클럽들도 여전히 동물 마스코트를 사용하고 있다.

    4. 토템 동물은 어떻게 영(a spirit)으로 발전하게 되었을까? 우리가 단지 눈을 감음으로써 접근해 볼 수 있었던 최초의 시작으로 돌아가 본다면, 거기서 순전히 혼돈만 직면하게 될 것 같았지만 그 안에 인간의 지적 발달이 시작될 수 있었던 두 가지 점이 있다는 것을 이제는 알 수 있다. 거기서 우리는 움직이는 것과 움직이도록 만드는 것을 구분할 수 있게 된다. 다윈의 개 역시 땅 위에 펼쳐진 파라솔이 약한 바람에 움직일 때 짖은 것을 보면 이런 구분을 할 수 있었던 것이다. 우리가 갑자기 어떤 예상치 않은 움직임을 감지했는데 그 명확한 원인을 모를 때, 우리는 영에 대한 믿음인 정령숭배(animism)에 기웃거리게 된다. 우리는 정말 그런다.

    앞으로 다룰 내용을 준비하기 위해 우리가 흔히 놓치는 것에서 시작해 보기로 하자. 우리가 우리의 눈꺼풀 속을 볼 때, 또는 누워서 텅 빈 하늘을 바라볼 때, 자아는 최소한의 관찰자, 즉 **관점**(Aussichtpunkt)이 되도록 비워지는 것으로 보인다. 하지만 관찰이라는 사실은 여전히

---

1) Lévi-Strauss, *Totemism*.

존재하고, 그것이 초월이라는 빛을 제공해 준다. 영화의 카메라맨이 눈에 띄지 않지만 항상 있는 것처럼 말이다.

그래서 우리는 하느님이 처음에 토템(즉 보편 용어), 보이지 않는 이동자(즉 생기를 주는 것), (눈에 띄지 않게 초월적인) 관찰자 등 세 가지 뿌리로부터 태어났다는 것을 알 수 있다. 우리 인간이 사냥하고 사냥 당하는 동물이었고, 살아남기 위해 또 자녀를 기르기 위해 무기 같은 것이 필요했고 또 긴밀한 협력이 필요했던 고도로 사회적인 동물 이었기에, 이 같은 하느님의 탄생은 생물학적으로 충분히 이해 가능한 이유 때문에 발생한 것이다. 여기서 잠시 핵심을 정리해 놓자. 토템 동물은 우리를 안내하는 보편 개념(guiding Universal)이고, 첫 번째 신이며, 자아보다 오래된 존재이다.

5. 이제 우리는 최초의 종교의례들(rites)이 어떤 형태였을지 상상해 볼 수 있다. 남자들이 사냥을 준비하기 위해 모인다. 이들은 아마도 동굴 속이나 동굴 근처에 있을 것이며, 벽이나 바위에는 사냥할 동물을 그려놓았을 것이다. 모닥불이 타고 있다. 남자들은 사냥용 복장을 입고 사냥 도구를 갖추고 있다. 제례(ritual)는 샤만이 주도한다. 샤만은 음식이나 식물 재료를 사용해 의식(consciousness)을 다른 상태로 이끄는 데 특화된 사람이다. 이렇게 달라진 의식상태(새롭게 나타난 초자연적 세상)에서, 남자들은 춤추며 서로를 공통의 과업으로 묶는다. 과업이란 부족 전체 삶의 중심인 이 사냥할 동물에 집중하는 것이다. 모두의 마음이 사냥할 동물에 집중할 수 있도록 샤만 또는 모두가 동물의 뿔이나 가죽 같은 상징물을 착용한다.[2]

---

[2] 여기서 제시하는 생각들은 모리스 블로흐(Maurice Bloch)의 *Prey into Hunter*에 재미있게 좀 더 자세히 나온다. 보편 개념(Universal)인 토템 동물은 불멸이고, 그래서 내가 만약 희생 등의 방식을 통해 나 자신을 그것과 동일시할 수 있다

이 모든 제례의 핵심은 명확하다. 먹고 사는 것만이 중요한지라 초기 수렵-채집가들은 매우 한가했고 집중할 수 있는 시간이 짧았다. 남자들은 흔히들 드러누워 빈둥거리며 여자들에게 모든 일을 맡겼다. 그때도 그랬고 지금도 그렇다. 수많은 훈련과 제례(ritual)를 통해 남자들은 사냥이라는 한 가지 공통 과업으로 묶일 수 있었고, 사냥감에 온전히 집중할 수 있었다. 그런 제례 속에서 사냥감은 매우 권위적인 형식으로 제시되었다. 즉 사슴 비슷한 거 아무거나 잡으면 되는 것이 아니고, 가젤이라는 특정 종류를 잡는 데 성공할 때까지 집단 모두가 집중해야 했다. 동지를 버리고 맨손으로 집에 돌아오는 것은 자신의 남자다움에 대한 배신이요 죽을죄를 짓는 것이었다. 남자는 포기하면 안 된다. 여기서 우리는 예배, 종교법 개념, 죄책감과 수치심 등의 시작을 엿볼 수 있다.

이러한 초기 발전 단계에서도 분명히 종교는 인식론적, 사회적, 윤리적이라는 몇 가지 중요한 사회적 기능을 가지고 있다. 종교는 우리가 우리 세상의 기본 지도를 갖추도록 해주며 세상의 가장 두드러진 특징을 식별할 능력을 갖추도록 해준다. 종교는 사람들을 끈끈하고 힘 있는 집단으로 묶어 효과적으로 협력하도록 하고, 초기 단계의 윤리를 제공한다. 앞에 나왔던 이야기의 경우 수치심에 대한 간단한 개념으로 뒷받침되는, 지금까지도 힘을 발휘하는 동지의식과 남성 동맹이 좋은 예다. 솔직히 말해 남자들은 다들 다른 남자들로부터 남자 취급 받지 못하느니 차라리 사냥하다 죽는 게 낫다고 생각한다. 이 모든 것이 최초의 종교가 예술과 종교의례를 통해 주로 다룬 것이다. 마지막으로, 우리는 초자연적 세상에 대한 믿음의 시작에 대해서도 얼핏 살펴보았

면, 나는 그것의 불멸성을 나 자신을 위해 얻을 수 있는 것이다.

다. 초자연적 세상은 취하게 하는 잎을 씹거나 코로 들이마시거나 혹은 음악을 통해 가벼운 최면상태에 들어갈 때 접근하게 된다. 이 상태에서 샤만은 영적인 신성한 형태의 토템 동물을 만나 교감하고, 이 상태에서 일반 남자들은 설득되기 쉬운 상태라 위대한 공통 과업에 엄숙히 헌신할 준비가 되어 있다.

지금까지의 이야기는 주로 남자와 사냥에 중점을 두었다. 왜냐하면 동굴 예술이 이 이야기만 들려주는 것 같기 때문이다. 어쩌면 다른 이야기, 혈연관계, 원시 조상, 최초의 부모 등에 관한 프로이트식 이야기를 할 수도 있었을 것이다.[3] 물론 혈연관계나 조상 이야기가 재미있고 매력적이긴 하지만, 유물 증거가 별로 없다.

종교적인 생각의 특징 중 아직까지 나타나지 않은 것이 무엇인가? 가장 두드러진 것은 우주론과 심리학이, 즉 세상과 자아가 아직 "중심이 되지" 않았고 통합되지 않았다는 점이다. 최초의 인간들은 분명 돌아다니는 수렵-채집인들이었기 때문에, 그들에게는 중심축(axis)이 되어 모든 것이 그 축을 중심으로 회전하는 그런 강력한 중심 세상이 없었다. 인간들의 눈에는 그들의 환경이 권세들(Powers) 간의 무질서한 난투로 보였다. 인간들을 대하는 태도에서 일부는 호의적이었고, 일부는 무관심했으며, 일부는 악의적이었다. 인간들에게는 약간의 질서와 안정된 정체성이 있을 뿐이었다. 그래서 종교가 사람들을 충분히 결집시켜 주었다. 하지만 많은 것이 무서웠고, 유동적이었고, 분명하지 않았고, 신비로운 전환을 필요로 했다.

우리가 지금까지 생각해 본 초기 시대에는, 자아(the self) 역시 희미했고 중심이 되지 못했다. 자아는 빈 극장이었고, 다양한 존재가 들어

---

[3] Freud, *Totem and Taboo* 참조.

3장. 태초에   *43*

와 무대를 지나갈 수 있었다. 우리보다 훨씬 먼저 신들, 그리고 무엇보다 **동물 종들**이 명확하게 분간할 수 있는 심리학적 특징, 뚜렷한 개성, 이름 등을 가지게 되었다. 그러므로 초자연적 세상은 개별 인간 자아의 세상보다 오래되었다. 그리고 우리는 우리 자신에게 뚜렷한 개성을 부여하는 법을 배우기 훨씬 전에 사자와 양, 개와 고양이, 매와 비둘기 등에게 뚜렷한 개성을 부여했다. 사실 인간 개성(human personality)은 **대부분** 과거의 동물 모델에서 빌려온 것이다. 유목민의 세상은 아직 정착하지 않은 세상이다. 그리고 그 당시에는 우리 역시 어떤 명확한 존재로 정착하기 전이었다.

4장

정착하기

많은 기독교 신학자들, 특히 칼빈과 칼 바르트의 전통에 있는 학자들은 성경 전체가 단 하나의 조직신학을 증언한다고 주장하고 싶어했다. 물론 자기들의 신학을 증언한다고 말이다. 하지만 그들은 틀렸다. 사실 종교가 워낙 보수적이라 종교 역사의 거의 모든 부분과 (하느님이 자신의 과거를 분개하며 부정하는 부분과 함께) 놀랍도록 오래된 하느님 개념 일부도 히브리 성경(구약성경)에서 발견할 수 있다. 창세기 안에만 해도 하느님이 복수형(plural)이었던 시기의 흔적이 있는가 하면("엘로힘"이라는 이름과 아브라함에게 나타난 "구약의 삼위일체"), 후대에는 하느님의 단일성(Unity)을 주장하기도 한다. 하느님이 동물 토템이었던 시기의 가려진 흔적이 있는가 하면(창 49:24 등에서 "야곱의 강하신 이"라는 호칭에 담긴 "야곱의 황소"[역자주: 히브리어 '아비르'는 강하다는 뜻이고, '아뻬르'는 '황소'라는 뜻인데, 히브리어에서 모음 등 구두점을 빼면 표기가 같으므로 두 단어를 같은 단어로 보는 견해가 있다. 의미의 발전 과정이 대개 사물을 지칭하는 일반명사에서 추상적인 의미를 가지는 단어로 발전한다는 점에서 '황소'에서

'강하다'는 뜻으로 발전했을 가능성이 있다. 우리말에서 '핵'이라는 명사가 어느새 수식어로도 쓰이는 것을 비슷한 사례로 들 수 있겠다]), 후대에는 황금 송아지를 부수기도 한다. 하느님이 인간 희생, 심지어 어린이 희생을 명령했던 시기의 흔적이 있는가 하면, 후대에는 자신의 과거 역사의 한탄스런 사실로부터 거리두기를 시도하기도 한다. 마지막으로, 하느님이 인간의 모습으로 인간 사이에 나타나거나 신하들에게 둘러싸인 인간 왕처럼 하늘 보좌에 앉아있는 경우가 많은데, 후대에는 형상을 금지하고, 제2 이사야처럼 고귀하시며 형상 너머의 완전히 초월적인 하느님으로 나오기도 한다. 게다가 이러한 고등 신학(high theology)도 아직 이야기의 끝이 아니다. 창세기에는 우리가 나중에 다윗의 왕궁 역사에서나 마주치게 될 것 같은 세속적 인본주의자의 산문체 이야기도 들어 있다. 창세기에서 우리는 또한 충분히 진보적이어서 니체를 감동시킬 정도의 담대함으로 하느님께 직접 이의를 제기하는 아브라함, 전도서 등 성경의 다른 책의 회의론을 내다보는 아브라함을 발견하게 된다.

    히브리 성경은 매우 다양하다. 율법, 전기 예언서, 후기 예언서, 성문서(시편, 지혜서들) 등 네 권의 책으로 구성되어 있다. 과거의 아우구스티누스-칼빈 대서사는 이러한 다양성을 단일한 정통 조직신학으로 압축하려 했는데, 이는 완전한 오해였다. 우리는 그렇게 하지 않고 성경의 다양성을 모두 활용해서 하느님의 탄생, 생애, 죽음, 죽음 이후에 관한 새로운 대서사를 이야기할 것이고, 자신의 진보적인 발전과 자기 비움을 통해 하느님께서 어떻게 우리에게 우리의 자아와 세상에 대한 기본 생각을 주었는지, 그리고 마침내 우리를 창조하는 작업을 완수하기 위해 죽었는지를 이야기할 것이다.

요약하자면, 히브리 성경의 하느님은 거의 언제나 지속적으로 자기 변화(self-transformation) 중이고, 자신 안에서 종교 역사 전체, 즉 우리 모두가 얽혀 있는 역사, 침대 맡에서 우리 자녀들에게 들려주는 역사, 우리가 어떻게 우리 자신이 되었는지에 대한 역사를 개괄하는 분이다.

전체 이야기에서 전환점은, 위에서 말했지만, 돌아다니면서 수렵-채집하고 목축하던 사람이 정착해 농부가 되기로 결정한 때였다.[1]

그 변화는 엄청났고, 마침내 문화의 거의 모든 면을 변화시켰다. 예를 들어, 더운 지방의 목축민은 보통 밤이나 최소한 해가 뜨겁지 않을 때 동물 무리를 이동시키려고 한다. 이들은 보통 달을 기준으로 시간을 측정하고, 사람과 동물의 "월경"과 임신주기를 따진다. 동방의 목동들은 달을 좋아한다. 반면에 정착한 농부는 해를 따라 살고, 도시 신전의 제사장이 정한 달력과 축제 일정에 따라 구분되어 전수된 해마다의 농사 일정에 따라 산다. 정착, 다른 말로 "문명화"는 그 중심으로부터 일상의 일정표를 정한 것의 시작이다. 농부는 시장이 필요하고, 농경생활은 고도로 규칙적이 된다. 농장은 **홀로** 존재하지 않는다. 즉

---

[1] 초기 상태 사회에서의 종교의 역할에 대해서 나는 여러해 전 프랭크포트(Frankfort) 등이 쓴 *The intellectual Adventure of Ancient Man*의 영향을 많이 받았다. 그 중에서도 이집트 국가에 대한 글이 특히 인상적이었다. 그 뒤 프리처드(J. B. Pritchard)의 기념비적 글인 *Ancient Near-Eastern Texts*와 토어킬 야콥슨(Thorkild Jacobsen)의 *The Treasures of Darkness* 등을 발견하였다. 이 두 책이 여전히 가치가 있긴 하지만, 좀더 최근에 나온 스티븐 마이든(Steven Mithen)의 작품과 데이비드 루이스 윌리엄스(David Lewis-Williams)와 데이비드 피어스(David Pearse)의 작품이 훨씬 넓은 범위의 최근 연구에 기반하고 있고, 나에게 다시 생각해 볼 수 있는 기회를 주었다. 그 중에서 종교 사상이 국가 차원에서 만개한 것은 내가 생각했던 것보다 더 많은 지역에서 훨씬 더 늦게 나타났다. 하지만 '분명' 나타나긴 했으며, 세계 여러 곳에서 놀라우리만치 비슷했다. 그 흔적이 여전히 우리 주변에 남아 있다.

4장. 정착하기

농장은 거대한 중심—요즘으로 치면 "중심 업무 지구"(Central Business District)—과 연결되어 존재한다. 이 중심에는 시장 쪽에 위치한 신전 안에 신이 앉아 있고, 다른 쪽에 위치한 왕궁에는 신의 기름부음을 받은 왕이 앉아 있다. 농부는 신전으로 수확물을 가져가고, 신전에서는 수확물을 돈 대신 받는다. "돈(money)"이라는 말과 "화폐 주조소(mint)"라는 말은 로마에 있는 유노 모네타(Juno Moneta) 신전에서 유래했다. 유노 모네타 신은 처음으로 화폐경제를 발명했고, 보증을 위해 자신의 형상을 새겨 동전을 주조했고, 사람들이 동전을 갈아내지 못하도록(역자주: 동전의 일부만 갈아내 녹인 뒤 다른 동전을 만들까봐) 동전 끝부분이 돋아나도록, 또한 아울러 깔쭉깔쭉하게 이가 나도록 동전 테두리를 만든 신이다. 그렇다. 신들이 **모든** 것을 발명했다. 그리고 신들은 특히 오늘날 사업윤리라고 부르는 교환의 정의에 관심이 많았다. 신흥 도시국가 안에 정착한 삶의 전체 체계는 신을 대변하는 제사장이 설계한 것이므로 신학적이다. 농사(agri*cul*ture), 종교 제의(religious *cult*), 문화(*cul*ture) 모두가 제사장을 통해 함께 엮인다. 그리고 특히 하느님이 시장, 돈, 공정거래 등을 발명했다. 하느님은 "중심을 가진(centered)" 삶을 만들었고, 도시국가, 즉 정치, 일상, 법, 과세를 만들었다. 첫 번째 세금인 십일조는 첫 번째 지주인 하느님에게 납부되었다.

이런 방식으로 진행되었다. 과거에 하느님은 이동식 천막에서 살았고, 광야를 통과하는 긴 여정 동안 낮에는 구름 기둥 안에서, 밤에는 불기둥 안에서 날마다 백성들 앞에서 이동했다. 그러다 하느님은 정착하기로 마음먹었다. 더 이상 집 없는 방랑자일 필요가 없었다. 하느님은 땅 전부와 가축 전부를 소유한 분이다. 하느님의 소유권은 그저 한 철 풀을 먹일 수 있는 권리와는 달리 절대적인 소유권이었다. 그래서 하느님은 영토를 선택하고, 정착할 도시를 선택했다. 그리고 자신의 백성에게 그 땅을 정복하고 그 안에 정착할 힘을 주었다. 사람들이 살 땅에 도달했을 때, 살아갈 기초가 되는 거룩한 율법을 미리 모세에게 불러주었다.

새로운 성지(Holy Land)에서 토지 소유권 문제는 매우 중요했다. 하느님이 최고의 입법자요 소유자였으며, 성전은 하느님 권능의 자리였고 성전 제사장들은 하느님을 대리해 하느님의 재산을 관리했다. 나중에는 왕이 그 자리를 인수했다.

내가 기술하고 있는 이런 토지 소유 체계는 놀랍도록 영향력이 있었고 영속성이 있었다. 우리들 대부분은 이 체계를 성경을 통해 알고 있지만, 기원전 4천년대(역자주: B.C.E. 3999~3000년) 메소포타미아에서 이미 형태를 갖추기 시작했고, 이를 잘 드러내주는 유물을 (런던 남쪽) 웨스트 켄트의 브룩랜드(Brookland)에 있는 교구 교회에서 여전히 볼 수 있다. 이 교회는 아마도 농산물 저장창고로서의 기능을 완벽히 갖춘 채 여전히 예배처소로 쓰이는 세계 유일의 장소일 것이다.(영국에서는 십일조 최종 폐지가 최근에야 마무리되었다.)

이런 과거 체계에서 토지 소유는 하느님으로부터 군주를 통해 다양한 종류의 자유보유권자들(freeholder)과 소작인들에게 하달된다. 농장 노동자는 다양한 방식으로 토지에 "매여" 있거나, 날품팔이 노동자이거나 노예였다.

토지와 남녀 성별 문제에 관해 'patrimony(유산)'와 'matrimony(혼인)'라는 단어의 뜻이 특이하게도 많이 다르다는 점을 생각해 볼 수 있다(역자주: patri-는 아버지, matri-는 어머니라는 뜻이 있다.) 유목생활에서 농경생활로 바뀌고, 자신을 보호해 주고 자신의 삶을 규정하는 중심이 되는 도시로 농산물을 가져가는 삶을 살게 되면서 평범한 농부 아버지는 새로운 사회질서 속에서 인생의 큰 야망이 자신의 아버지로부터 물려받은 재산을 온전히 자식에게 물려주는 것이 되었다. 여자는 혼인관계(matrimony)로 남자에게 묶여 남자가 자신의 유산(patrimony)을 잘 지키고 넘겨줄 수 있도록 도와야 했다. 사회가 그렇게 돌아간 것이니 나를 비난하지는 마시길.

더 자세히 들어가기 전에 언급해야 할 것은 정착한 농부의 새로운 생활방식이 문화 전체를 광범위하고 복잡하게 바꿔 놨다는 것이다. 모든 것이 달라졌는데, 나그네들과 정착민들 사이의 상호 적개심과 몰이해가 오늘날까지 지속될 정도다. 예를 들면, 동유럽 사람들이 "집시"를 대하는 태도 같은 것이다. 우리는 고대의 방랑자들이 장점과 단점을 모두 살핀 뒤에 그런 중대한 변천을 시작했을 거라고는 상상하기 힘들다. 그들은 정착민들의 토지 소유 개념을 가질 수도 없었고 만들어낼 수도 없었다. 그들은 그저 그런 변화를 겪은 뒤에야 비로소 그런 소유권 개념을 생각할 수 있을 뿐이었다. 그들은 새로운 개념 모두를 천천히 배워야 했다. 그래서 인간 이야기의 처음부터 그랬던 것처럼, 하느님이 그 길을 인도해야 했고, 결정을 내려야 했고, 어떤 일이 벌어질지 알려줘야 했고, 새로운 시대로 억지로 끌고 가야 했다. 히브리 성경에 따르면, 그런 뒤에도 완고한 보수주의자인 레갑 족속들은 천막에 살기로 고집하면서 곡식을 먹거나 포도주를 마시는 것을 거부했다.(포도밭과 포도 재배는 유목민에게 문명화라는 정신적 위협의 상징이다.) 하느님 자신은 반대 견해를 가졌음에도 이들을 칭찬할 수밖에 없었다(예레미야 35장. 18절 이하를 보라.) 돌아보면 이스라엘 사람들은 자기들이 문명화를 선택하지 않았다는 것을 솔직히 인정하고 있다. "제 선조는

떠돌며 사는 아람인(즉 "아무것도 아닌 자")이었습니다… 그는 에집트로 내려가서… 야훼께서 우리를 이집트에서 구출해 내셨습니다… 우리를 이곳으로 데려 오시어… 이 땅을 우리에게 주셨습니다"(신명기 26:5 이하).

전체 논의 중 지금 단계에서의 요점은 철학이 생겨나기 전에, 더 나아가 정착된 도시생활과 문자 문화가 생겨나기 전에, 인간이라는 존재는 아직 충분히 중심을 잡거나, 정착하거나, 안정되거나, 통제되지 않기 때문에 자율적인 인간 자아나 상대적으로 자율적인 자연 질서 같은 개념이 아직 발달하지 않았다. 삶이 고정된 중심 주변에 정착한 뒤에야 비로소 하느님이 한 분이라고 생각하게 되었고, 법을 주시는 분이라고 생각하게 되었다. 그런 다음에야 비로소 우주와 사회질서에 대해, 시간이 지나서는 자아에 대해, 좀 더 통합되고 규격화된 개념을 발전시키게 되었다.

모든 것은 초자연적인 질서를 통해, 즉 하느님을 통해 배워야 했다. 하느님은 어디서나 앞장서며 길을 보여주셔야 했다. 나는 내 스스로는 아무것도 생각해낼 수 없었다. 내 마음을 밝히기 위해 나는 하느님의 영이나 하느님의 지혜에 호소해야 했다. 나는 혁신할 수 없었다. 하느님만이 혁신했다. 나는 내 스스로의 가치를 만들어낼 수 없었다. 나는 하느님의 뜻을 배워야 했고 거기에 순종해야 했다. 그렇다면 세상은 어떠한가? 세상은 아직 아리스토텔레스가 말한 상대적으로 독립적이고, 법의 지배를 받고, 예측 가능한 자연질서가 되지 못했다. 아리스토텔레스는 자연질서는 "하느님의 옷자락"이며 자연질서에게 명령하는 유일한 원리는 하느님의 말씀과 자신의 약속에 대한 하느님의 신실함이라고 말했다.

그러므로 모든 것에서 하느님은 길을 이끌어야 했다. 그리고 실제로 그렇게 했는데, 그 결과는 이례적이었다. "문화"가 발전하면서 성경의 하느님은 우리를 세우며 스스로는 사라지면서 점차 자신의 권력을 우리에게 이양했다. 스스로를 서서히 비워 결국 죽음에 이름으로써 하느님은 서서히 우리를 인간들로 창조한다. 처음에는 우리의 이상적 문화의 거의 **모든** 것이 종교적이라는 점에서 신학이 학문의 왕이었다. 하지만 그 뒤로 하느님은 매우 천천히 자신의 인격(person)을 감추고 물러났다. 하느님은 일찌감치 동물에 대한 권력을 아담에게 넘겼고, 출산할 능력과 그에 따른 모든 것을 아담-이브 짝에게 넘겼다. 하느님은 결국 **지식**도 넘겨야 하고, 특히 도덕성을 창조할 능력도 넘겨야 한다는 것을 알았다. 하지만 하느님은 서두르지 않았다. 하느님은 우리의 행동을 다스리기 위해서 자신의 권능을 잠시 붙들고 있어야 했다. 그동안 하느님은 점진적으로 사라지는 것을 준비했다.

첫째로, 하느님은 몸소 인간의 형태로, 사람들 사이를 거니는 한 사람(a man)으로 나타나는 것을 그만두었다. 이런 형태로 나타난 마지막 장면인 아브라함과 야곱에게 나타난 경우도 이미 어느 정도 베일에 가려져 있다. 그 뒤에도 하느님은 계속 보이기는 하지만 굉장히 공식화된 상황에서 우선순위를 적절히 따져 나타난다. 모세만 하느님을 수시로 볼 수 있었을 뿐 나머지, 즉 아론, 아론의 아들인 나답과 아비후, 장로 70명은 멀찍이 떨어져 있어야 했다. 다만 전체 대표단이 공식적으로 하늘의 하느님을 방문해 하늘의 푸른 유리 위를 거닐면서 먹고 마시며 즐겼던 인상적인 경우 하나는 예외다(출애굽기 24:1절 이하, 9절 이하). 그때 이후로 하느님은 종종 자신의 공식 지상 거주지인 성전과 관련되어 부르심의 환상(call-vision)에서만 직접 볼 수 있다. 하느님은 눈을 가리는 빛에 둘러싸여 있다.

시간이 더 흘러 사회 속의 삶이 서서히 규칙화되고 일상화되면서, 개별적 인격으로서의 하나님은 자신이 계시한 율법(Law)의 작동 뒤로 숨게 되었다. 마치 우리 사회의 **얼굴 없는** 관료들과 비슷하다고 할 수 있겠다. 법이 잘 작동한다면 율법 수여자가 직접 개입할 필요가 없다. 그저 율법 해석가인 전문 서기관들과 그들 사이에서 율법에 의한 통치를 유지해 나가는 판사들만 있으면 충분하다. 하느님은 이미 사라지고 있는 것으로 보인다. 종교체계가 만족스럽게 작동하는 한 하느님은 그 뒤에 숨을 수 있다. 그 체계는 스스로 작동할 수 있고, 하느님은 필요하지 않다.

하지만 이스라엘은 느슨해졌고, 태만해졌고, 죄에 빠지게 되었다. 늘 그렇듯이 나이 든 사람들은 젊은이들이 자제심이 부족하다고 느꼈고, 권위가 존중받았고 법을 어기는 사람들이 곧바로 처벌을 받았던 지나간 좋은 시절을 그리워했다. 재앙들이 닥치고 전쟁에 패배하면서 깨어진 언약(a broken covenant)에 대해 논하기 시작했다. 어떻게 해야 종교를 새롭게 할 수 있을까? 율법만으로 완고하고 고집 센 인간 본성을 바꾸기에는 충분하지 않다는 것이 분명해졌다. (하느님이 직접 안내하던) 과거의 직접성(immediacy) 같은 것으로 돌아갈 필요가 있었다. 그런데 어떻게?

다시 한 번, 주도권은 하느님으로부터 나와야 했다. 이스라엘은 위로부터 부여된 율법을 **통해** 하나님의 훈육을 받고 있는 말썽꾸러기 학생이었다. 그리고 여느 학생들처럼 "법이 있기에" 법을 어겼다. 이제는 하느님과의 좀 더 성숙한 관계로 나아가야만 할 때였다. 즉 인간 마음 속 행동의 원천과 그 맞은편에 있는 선(善), 곧 하느님의 뜻 사이의 간격을 메워야 할 때, 다시 말해 직접성을 회복해야 할 때였다. 요컨대, 하느님이 "인간" 안에 내재화되어야(internalized)만 비로소 우리를 온전히 자율적으로 만들 수 있었다.

이 시점에서 이스라엘의 예언자들은 다양한 은유를 사용했다. 즉 하느님은 자신의 영을 모든 육체에게 부어줄 것이다, 하느님은 우리의 돌로 된 마음(hearts of stone)을 치우고 살로 된 마음(hearts of flesh)을 줄 것이다, 하느님은 자신의 법을 우리 마음에 곧바로 새길 것이다, 하느님은 성전에서부터 개별 인간의 마음으로 이주할 것이다, 하느님은 우리 안에 거주하며 완전히 내재할 것이다.

요약하자면 예언자들은 하느님의 급진적 민주화(a radical democratization of God)를 기대한 것이다. 이는 프로테스탄트 종교개혁 이후 회중주의(Congregationalism)에서 부분적으로 성취되었고, 친우회(퀘이커)에서 온전히 성취되었다. 하느님은 더 이상 객체적 존재이거나 우리 위의 절대 군주가 아니다. 자유민주주의에서 주권이 외부가 아닌 모든 사람들 안에 분산된 것처럼, 하느님은 개개인의 마음에 흩어져 있다. 그 결과는 평등한 사회다. 제사장 계층이 통치하는 사회와 같은 계층제도 필요 없고, 카스트 같은 계급제도 필요 없다. 하느님과 개개인의 자아가 완전히 같은 중심을 갖게(concentric) 되었으므로, 모두가 하나님과 가능한 한 가까이 지낼 수 있다. 더 이상 종교는 없다. 종교란 고귀하고 멀리 있다고 여겨지는 하느님과 개인 사이를 이어주는 수단이기 때문이다. 하느님과 자아가 일치할 때, 율법이 끝나고, 종교가 끝나고, 결국 하느님 역시 끝난다.

이 모든 것이 함축하는 것은 이미 이스라엘의 위대한 예언자들 안에서 하느님의 마지막 계시는 하느님의 죽음, 즉 멀리 있는 존재로서의 하느님의 마지막 사라짐이라는 것이다. 이는 현대적 의미의 "무신론(atheism)"이 아니라 일종의 "인간일원론(anthropomonism)" 또는 "인간중심론(hominism)"이다.

5장

하느님은 과도기적 대상?

새로운 대서사의 핵심 또는 정점으로 달려가면서, 우리가 어디에 있는지, 그리고 무엇이 위기인지를 명확히 하기 위해 나의 주장을 요약할 필요가 있겠다.

다윈 이후의 세속적이고 실용적인 시대에 우리의 세상, 즉 인간의 생활세상이자 우리의 말과 의식 속에 존재하는 세상이 우리가 아는, 또는 증거를 가진 유일한, "실재하는(real)" 세상이라는 점을 인식하는 것부터 우리는 시작했다. 우리는 다른 존재가 세상을 가졌는지는 확실히 알지 못한다. 그리고 우리 자신은 우리 자신의 세상에 대해 언제나 우리 인간 자신의 입장 안에 머물러 있다. 분명 많은 동물들도 자기들 주변에 작은 세상을 만들어낼 능력이 어느 정도 있다. 그들 역시 영역을 소유할 수도 있고, 사교적일 수도 있고, 교류할 수도 있다. 하지만 동물들은 우리가 했던 만큼 자기들의 환경을 변화시키지 않는다. 그리고 그들의 세상은 우리 세상의 축소판에 지나지 않는다. 우리가 그들의 세상을 보면서 추억에 잠기거나 향수에 젖게 되는 것은 우리가 어디서 왔는지를 볼 수 있기 때문이다. 그렇지만 동물들의 작은 세상은 우리 세상과 전혀 맞수가 되지 않는다. 현대 물리학에 의해 발달한 거대 규모의 우주론을 보면 이는 이론적 구조물, 즉 우리 인간의 생활세상으로부터 도출되고 그 세상과 다시 대조하여 점검되는 일종의 **보완**(a supplement)이다. 우주론에서 이야기하는 130억년의 역사 대부분은 관측되지 않았고 누구도 관측할 수 없는 것이다. 즉 "빅뱅"과 "블랙홀"을 관측할 수 있는 위치는 지금까지 없었고 지금도 없다. 빅뱅과 블랙홀은 매우 유용한 이론적 실체이지만, **우리** 세상, 인간의 생활세상, 다시 말해서 우리 언어의 세상이 우리에게 실재하는 것만큼은 "실재하는" 것이 아니다. 세상은 우리의 삶의 정황(setting-in-life)이자 우리의 **환경**(milieu)이다. 세상은 일시적일 뿐이고 우리 자신들이 누적하여 구축한 구조물이지만, 지금 실제로 존재하는 것이다. 세상은 일차적인(primary) 것이다. 과학자들 역시 여기서 벗어나지 못하고, 우리 나머지 인간들이 그러듯이 그들도 세상 속에서 살아간다.

결론은 우리가 어떻게 시작됐는지, 어떻게 지금의 우리가 되었는지, 우리를 위해 무엇이 존재하는지, 우리가 어떻게 살아야 하는지 등등의 새로운 대서사 종교 이야기는 우리 인간의 이상적 문화(human ideal culture)에 관한 역사, 즉 마음, 의식, 언어, 그리고 우리 자신과 우리 세상에 대한 발전하는 이해 등에 관한 역사 형태여야 한다는 것이다. 이것을 처음으로 이해한 위대한 철학자는 헤겔(Hegel)이었다. 여기서 나는 헤겔이 〈정신 현상학〉(*The phenomenology of Spirit*, 1805)에서 처음 다룬 몇몇 문제에 대해 조금이나마 차분하고 억제되고 평범한 영어로 살펴보려고 한다. 헤겔은 만약 세상이 우리의 세상이라면, 그리고 인간의 마음이 완전한 세상을 구축하고 그것을 이해하려고 시도한 유일한 지점이라면, 인간 사고의 역사가 전체적인 "실재(reality)"의 역사,

즉 모든 것의 역사와 일치할 뿐만 아니라 그 역사 자체라는 것을 처음으로 깨달은 사람이다. 우리가 바로 세상을 구축하는 사람이다. 오직 우리들만이 엄청 큰 세계상(world-picture)을 구축했고, 내가 말하듯이 우리의 세계상이 사실상 세상 그 자체이다. 우리는 우리의 현재 대화 속에서의 세상과 절대적인 상태의 세상을 명확하게 구분할 수 없다. 존재하는 것은 우리의 세상, 다시 말해 우리의 현재 세계관(world-view)뿐이다. 존재하는 것은 우리의 "관점(angle)"뿐이다.

똑똑하지 못해서 기독교를 최신 상태로 만들고 싶어 하는 나 같은 사람은 과거의 서구 기독교 대서사 신학을 새로운 이야기로 대체해서 우리가 어떻게 동물 상태에서 진화하게 되었는지, 그리고 우리 머리 속 프로그램인 우리의 이상적 문화가 왜 그렇게나 오래 종교적이었고 종교적이었어야 했는지를 보여주는 인간 사상의 역사를 말할 필요를 느끼게 된다. 내가 말했듯이 인간의 모든 이야기는 신들과 하느님의 탄생, 생애, 죽음, 죽음 이후에 대한 이야기라는 것이 드러나고 있다. 그런 이야기를 들려주면서 우리는 우리 자신과 우리 상황에 대해 좀 더 명확해질 수 있고 하느님이 과거에 가졌던 "실재"의 성격에 대해, 그리고 하느님의 죽음 이후 기간인 현재 상태에 대해 좀 더 명확해질 수 있다.

최초의 인간은 동물로서 시작했는데, 매우 낮은 수준의 동물 의식을 가지고 있었고, 어둠 가운데 있었다. 이 어둠은 생물학적으로 중요한 뭔가가 불쑥 나타났을 때의 놀람 또는 동요의 형태로 날카롭게 찌르는 듯한 섬광이 나타나고서야 밝아지곤 했다. 동물에게는 자극을 식별할 수 있는 능력이 생물학적으로 내장되어 있다. 우리에게 자극을 주는 것이 우리의 포식자 중 하나야, 잠재적인 동성 경쟁자야, 잠재적인 짝으로 이성인 데다 발정기야, 내 새끼를 위협하는 거야 등등이다. 그리고 이 자극은 적절한 행동반응을 일으킨다. 동물들은 언제나 주의하고 언제나 짝을 찾으며 철저히 자신의 삶에 몰두해 있다. 자기 일을 하는 데 아무런 문제가 없다.

하지만 초기 인간은 그렇지 않았다. 초기 발달단계에서 인간은 일종의 극단적인 유형성숙(幼形成熟, neoteny, 헬라어로 대강 "연장된 미성숙"을 뜻함)이라는 특이한 길을 걸었다. 인간의 몸은 상대적으로 털이 적고, 분화되지 않고, 미성숙해 보이는 상태로 남았고, 갓 태어난 인간은 다른 포유류의 배아 상태를 닮았다. 인간의 차별화된 주요 특징은 뇌가 상대적으로 크면서 여전히 덜 발달되었다는 점이다. 그러므로 많은 동물들이 태어난 지 한두 시간이면 일어나 무리들과 함께 달릴 수 있어야 하는 반면에 인간은 무력한 채로 몇 년에 걸쳐 양육, 훈련, 교육을 받은 뒤에야 스스로 살아갈 수 있게 된다. 1800년경 이전까지 인간의 모든 역사를 통틀어 인간의 기대수명이 30세 이하였다는 점을 돌이켜 보면, 한 사람이 젊은 시절을 보낸 뒤 자신의 자녀를 기르는 데 인생의 거의 전부를 썼다는 점이 놀라울 따름이다. 14살 정도까지는 미성숙하다가, 그 뒤 결혼하고 자신의 자녀를 기르고, "네 자식의 자식을 볼지어다 이스라엘에게 평강이 있을지로다"(시 128:6, 개역개정)라는 성경구절처럼, 죽기 전에 손주를 볼 수 있을 정도로 오래 산다면 행운이었다. 삶의 대부분은 **전통**이었다. 즉 가르침을 받고, 가르침 받은 것을 다른 사람에게 전달했다. 사람이 사는 이유는 삶 자체와 사람들의 문화전통을 전달하기 위함이었다.

인간 존재 안에서 문화, 전통, 언어, 의식 등은 모두 공동으로 흐르는 하나의 과정으로서, 헤겔이 말한 "가이스트(Geist)"이며, 우리의 경험에 대한 우리의 관계를 동물의 관계와는 다른 것으로 만들어준다. 포획되어 가축화된 동물은 안타깝게도 둔하지만, 들판에서 보는 진정한 "야생" 동물은 놀라우리만치 흥분되어 있고, 활기차고, 기민하고, 빠르게 반응한다. 이것을 보는 나는 감탄이 절로 나오는데, 왜냐하면 인간인 나는 언어와 의식을 가졌기 때문에 경험으로부터 조금 거리를 두게 되기 때문이다. 그런 직접성(immediacy)으로부터 살짝 거리두기 또는 물러서기를 나는 "주의하기(minding)"라고 부른다. 이곳은 망설임, 걱정, 심사숙고의 장소이다. 이곳에서 우리는 비슷한 과거의 사건을 기억하고, 여러 가지 서로 다른 가능한 가정들을 재검토하고, 의심을 품는다. 우리는 시간을 갖는다. 그런데 너무 오랜 시간을 가지면 걱정에 마비되어 어떤 행동에 마음을 다해 전념하는 것이 불가능해질 수 있다. 이 경우는 지나치게 "염려하는(mind)" 것이다. "뭘 해야 하지? (What am I to do?)," "어떡하지?(I am at my wits' end)" – 이 두 문장은 난처한 상황에서 진정하고(gather your wits) 당황하지 않고(keep your wits about you), 놀라지(scared out of your wits) 않는 것이 얼마나 중요한지를 말해주는 폭넓은 범위의 관용구들이다.

초기 인간은 이런 상황에 어떻게 대처했을까? 높은 수준의 의식은 생물학적으로 유리했을 것이지만, 오히려 장애가 될 수도 있었다.

인간에게 생활세상은 정체를 알 수 없는 난폭한 힘들이 서로 다투며 때로는 갑자기 인간에게 달려들기도 하는 각축장과 같았다. 인간은 어떻게 자신의 삶과 자신의 세상에 대한 지배력을 얻게 되었을까? 인간이 이해하거나 아는 것은 거의 없었다. 특히나 생물학적으로 의미 있는 자극이 갑자기 나타날 때 이에 대처할 필요가 있었다. 인간은 이 자극을 곧바로 정확하게 구분하고 적절하게 반응할 수 있어야 했다.

동물이 나타났을 때 즉시 우리가 사냥하려고 하는 먹잇감으로 인식해야 하는지 아니면 두려워해야 할 맹수로 인식해야 하는지 등이 매우 분명하고도 확실히 중요한 사례이다. 각각의 경우에 우리는 종류(다른 말로 유형, 종, 보편 개념 등)에 대한 표준 안내 이미지를 마음속에 확실하게 새겨놓아야만, 이들 부류에 해당하는 뭔가가 나타났을 때 그 이미지를 꺼내 곧바로 인식할 수 있게 된다.

이처럼 표준이 되는 보편 개념은 종교를 공부하는 학생들이 토템이라고 부르고, 철학자들이 보편 개념 또는 (관념적인) 형상(form)이라고 부르고, 현대 생물학자들이 간단히 종(species)이라고 부르는 것이다. 앞에서 나는 지금까지 남아 있는 동굴 벽화를 비롯한 초기 예술작품들은 수렵-채집인들의 전형적인 종교의례가 남자들이 사냥 나갈 준비를 시키는 기능이라는 것을 보여준다고 설명했다. 종교의식은 이들 모두의 마음에 사냥할 특정 종의 동물에 대한 표준적인 안내 이미지를 거대한 힘을 동반하여 새겨 넣어서, 사냥 중에 누군가가 사냥감을 발견하면 무리 전체가 매우 빠르게 자극을 받아 효과적으로 집단행동을 취하게 된다.

나는 이것이 최초의 종교형태의 매우 간단한 모델이라고 생각한다. 이미 공동체가 구성되어 있고, 의식이 포함되어 있고, 음악, 춤, 특별 의상, 가볍게 취하게 만드는 식물 등의 다양한 도구를 갖추고 있고, 이 모든 것이 어우러져 참가자들이 설득되기 쉽게 만든다. 모든 절차는 전업 종교인인 샤만이 인도하고, 그 역할은 참가자들을 하나로 묶는 것이다. 이들의 관심은 격렬하게 종교적 대상에 집중되는데, 이 종교적 대상은 이들이 매우 중요한 집단 활동에 나설 준비가 되도록 하고, 집중 상태를 유지하게 한다.

사람들이 집중하도록 배우는 종교적 대상은 보편적 안내 이미지로서 우리가 경험을 해석하고 삶에서 성공하도록 돕는다. 우리가 어떻게 살아야 할지를 보여주는 것이다. 그 이미지는, 동물이 갑작스런 자극이나 급박한 필요에 반사적으로 빠르게 반응할 수 있도록 내장된 기능을 문화적으로 대체하는 것이다. 그것은 기호(sign)이며, 요즘 말로 하면 상징적인 사례(iconic example)이다.

"너무 번거로운 거 아닌가?" 하는 의문이 들 수도 있다. 동물은 자기가 속한 종이 해야 하는 일을 곧바로 수행하는 데 아무런 문제가 없다. 하지만 인간은 삶이 고달프고, 걱정에 붙들려 있으며, 그래서 집중하는 시간이 매우 짧다. 우리는 제례를 치르고, 의복을 갖춰 입고, 공동체 훈련을 받고, 종교적 이미지의 도움이 있어야 우리 삶이 우리에게 요구하는 주요 공동 과업에 집중할 수 있고 그 집중 상태를 유지할 수 있다. 지금까지 한 가지 사례로 사냥에 대해 얘기했는데, 성년식(입회식)이나 결혼식, 아니면 전쟁이나 비와 관련된 제례들도 사례로 들 수 있다.

어쨌든 나는 나중에 "영(spirit)"으로, 다음에 신(gods)으로 발전할 만한 첫째 주자로 토템(totem)을 제시하는 것이다. 특정 부족의 토템 체계를 살펴보니 그 환경을 초기에 분류하는 것, 특히 찾아 나설 필요가 있는 (사냥감) 항목을 강조하는 것에 전념한다. 토템 체계는 제례, 그리고 그 제례와 관련된 특별한 정신 상태와 함께 결합하여, 조만간 진화해서 영의 세계(the spirit-world) 속으로 들어간다. 어떻게? 보편 개념(다른 말로 보편 용어)은 관념적인 것이지 경험할 수 있는 것이 아니다. 그것은 권위가 있고 힘이 있으며, 사라질 것들로 구성된 세상의 일부가 아니라, 우리 머리 속으로 들어간다. 정착생활의 초기 단계에서 그런 영들은 신들(gods)이 되었다. 하지만 부족들이 연합하여 첫 번째 국가 사회를 형성했을 때, 신들은 자신들이 동물에서 유래했다는 사실을 완전히 잊지 않았다. 고대 이집트에서 신들은 동물의 머리를 보유했고, (아마도 이슬람을 제외한) 모든 종교에서 동물 상징주의(animal symbolism)가 심지어 오늘날까지 놀랍도록 눈에 띈다. 기독교인에게 그리스도는 여전히 어린 양 또는 사자이고, 성령은 비둘기이다.

예를 들어, 고대 이집트 국가 형성 시기에 토템 동물들은 왜 영이 되고 그 다음 우주 거인들인 신들(gods)이 되어 위대함과 능력을 찬양받는 우리 위의 존재가 되었는가? 아마도 그들은 우리에게 더 큰 규모로 생각하도록 가르치고 있는 것 같다. 우리는 죽는다. 우리 왕도 죽는다. 하지만 보편적인 종류(the Universal Kind)인 토템, 영, 신(God), 국가 등은 영원히 산다. 우리는 정돈된 우주론(ordered cosmology)을 발전시키는 중이고, 또한 큰 규모의 국가 사회(state society), 즉 우리를 다스리는 영구적인 권위에 대해 우주적 비준을 받았다고 주장하는 큰 규모의 국가 사회를 발전시키는 중이다. 생각이 좀 더 합쳐지고 있다. 세계 회전의 중심인 과거의 세계수(World Tree)는 새로운 **세계축**(*axis mundi*)으로 변해가고 있다. 우주와 국가는 점점 정돈되고, 합리적으로 되고, 통합된다. 신은 점점 유일신(One)이 되고, 우주적인 법률 수여자가 되고, 세계와 우리 삶의 전반적인 운영자가 된다. 학자들은 종교법을 체계화하여 하느님이 하나이듯 종교법도 하나가 되기를 바란다. 그러므로 이제, 하느님, 세상, 군주, 국가, 종교법 모두가 하나가 되고 있으므로, 인간 자아도 마침내 그리고 뒤늦게 더욱 통합된다.

전통적인 마르크스(Marx) 이론에서는 생명의 물질적 토대가 먼저 오고, 그 다음에 실천, 운동, 투쟁 등이 물질 차원에서 와서 사회의 이상적 문화에 반영된다. 우리의 종교 관련 믿음은 모두 부수 현상이요 그저 거품일 뿐이다. 반면에 나의 이야기는 그 순서를 뒤집어서 종교적 대상과 종교적인 생각이 언제나 **앞**에서 **이끄는**(leading) 생각이라고 말한다. 종교적인 생각들은 이상적이고, 규범적이고, 표준을 설정하는 생각들이다. 그것들은 우리 환경의 중요한 특징들을 뽑아내고 또한 그러한 특징들에 우리가 어떻게 대처할 것인지를 보여줌으로써 언제나 우리보다 조금 앞서 있는 이상적인 질서로 우리의 삶을 인도한다.

그러므로 우리의 종교적인 생각 속에서 하느님은 우리가 무엇이 될 것인지, 어떻게 살아야 하는지를 보여줌으로써 우리를 인도한다. 예컨대, 메소포타미아의 도시국가들에서처럼 이스라엘에서 왕의 통치와 입법 활동은 신들로부터 **시작되었고**, 시간이 지나면서 그 신은 서서히 그 자신을 위해, 그리고 그 자신을 대신해서 활동할 인간 왕에게 그런 기능들을 위임하기로 마음먹었다. 종교는 오랜 기간 사회적으로 진보하는 힘이다. 즉 하느님은 아직 상상하기 힘든 미래에 대해 생각하는 간접적이며 이술적인(heterological) 방식이다. 또한 하느님은 그런 미래를 향해 걸어가라는 명령을 받았다고 우리 스스로 여기게끔 하는 간접적이고 이술적인 방식이다. 하느님은 끊임없이 발전함으로써, 또한 스스로 과거보다 크게 자람으로써 끊임없이 빗장(bar)을 높여 우리가 더 높은 목표를 향하도록 한다. 그래서 나는 하느님을 무한하고, 완벽하고, 변하지 않는 존재라고 여기는 흔한 생각을 버리고, 대신 당근이든 꿈이든 인도하는 별이든 우리보다 약간 앞에 있는 변화하는 존재로 볼 것을 제안한다. 하느님은 인간의 발전을 **인도한다**. 하느님은 끊임없이 변화하고 있고, 그 자신의 자기 변화 안에서 한두 발자국 정도 우리 앞에 있다.

하느님을 이런 식으로 생각하는 것은 헤겔이 소개한 바 있는데, 물론 아직은 일반 대중의 지지를 얻지 못하고 있다. 그렇지만 이런 생각은 지금처럼 세속적이고 인본주의적이며 역사주의적인 세계관을 가진 문화 속에서, 여전히 종교가 중요하고 최근까지 우리가 발전해 오는 데에 필요했다고 생각할 수 있는 길을 제공한다. 우리는 하느님께 감사해야 한다. 하느님은 우리를 창조하였기 때문이다.

이제 떠오르는 질문은 이렇게 "필요한 신화"에 우리가 어떤 상태를 부여해야 하느냐이다. 영국의 심리학자 위니코트(D. W. Winnicott)는 오래전 〈놀이와 실재〉(Playing and Reality)라는 책에서 "과도기적 대상(transitional object)"이라는 개념을 소개했다.1) 그것은 불확실한 상태의 대상으로서, 그것에 필사적으로 붙어 있는 유아에게는 실재하는 것이지만, 아마도 관찰자의 눈에는 허구적인 것으로 보일 것이다. 그것은 어린이가 어려운 시기를 통과하는 데 도움을 준다. 그것은 상상 속의 친구이자 동반자이고, 편안한 담요이고, 가장 좋아하는 인형이고, 수호천사이고, 보호하는 영이다. 다른 용어로는 물신(物神, fetish), 부적, 마스코트, 마력(charm) 등이다.

과도기적 대상이 모호한 상태라는 점은 플라톤에게 형상(form)이 실재하는 존재로서 지성으로 이해할 수 있는 높은 세상에 있었다는 점을 떠올려준다. 반면 아리스토텔레스에게는 형상(form)이 그저 우리 머리 속의 유용한 생각일 뿐이고, 후대에 가서는 우리가 우리의 환경 속의 항목들을 분류하는 데 사용하는 보편 용어들, 즉 보편 개념일 뿐이다.

하느님은 처음에 인간의 삶에 필요했다가, 나중에 인간의 문화 생

---

1) D. W. Winnicott, *Playing and Reality*.

활이 발전함에 따라 점점 높여졌다가, 마침내 불필요한 존재로 사라지고 마는 그런 과도기적 대상인가? 우리는 이제 "하느님"이라는 단어를 좀 더 현대적인 단어인 "언어(language)"나 "문화(culture)"로 교체할 준비가 되어 있는가? 그렇다면 우리는 종교가 당시에는 필요했고, 진보적이었고, 우리에게 매우 유용한 제도였지만, 지금은 더 이상 필요하지 않다고 말할 수 있다.

지금 단계에서는 이러한 제안을 염두에 두는 것 외에 달리 뭔가를 할 필요는 없는 것 같다.

6장

다른 사람들의 믿음

활력이 넘치고 모든 것에 호기심이 많았던 빅토리아 시대의 영국은 바다 건너편 땅에서 위대한 백인 여왕의 신하가 되는 행운을 얻은 많은 사람들의 관습과 믿음에 대한 다량의 보고서를 모아다 본국으로 보냈다. 이들의 믿음은 매우 낯설게 보였고, 함께 도착한 믿음 관련 물품들도 그러했다. 그래도 다들 그들의 믿음을 최소한 명확하게 이해하고 평가할 수 있다고 생각했다. 이들은 야만인들의 종교적 믿음을 그저 세상에 대한 잘못된 가정일 뿐이라 여겼고, 유럽의 계몽사상이 전파되면 자연스레 시들 것이라 판단했다. 한편 인류학계의 주된 임무는 어떻게 그런 이상한 믿음이 생겨나게 되었는지, 그리고 진리에 대한 확고한 증거 없이도 사람들은 왜 그렇게 오래도록 끈질기게 매달려 왔는지를 설명하는 것이었다. 이런 쪽으로 최고의 책으로는 에드워드 타일러 경(Sir Edward Tylor)이 1871년에 쓴 〈원시 문화〉(*Primitive Culture*)를 꼽을 수 있겠다.

빅토리아 시대의 접근법의 약점을 지적하고 더 나은 길을 제시한 중요한 인물들로는 에밀 뒤르켐(Emile Durkheim)과 브로니스와프 말리

노프스키(Bronislaw Baminowski)를 들 수 있다. 이들은 사람들의 종교적 믿음이 그 사람들의 전체 문화에 밀접하게 매여 있기 때문에 그 안에서 나온 것으로 이해해야 한다고 주장했다. 이들 인류학자들의 새로운 방법인 "참여 관찰"은 빅토리아 시대에 "현지 풍습 따르기"라 부르던 방식을 도입하여 실제로 현지인들의 언어를 배우고, 1년 이상 그들과 함께 살고, 그들의 삶에 완전히 잠겨들고, 모든 것을 기록하는 등 광범위하게 이를 실천했다. 연구자가 그들의 믿음이 그들의 사회적 삶의 정황에서 기능하는 방식을 자세히 기술할수록 그들을 정확히 이해하는 것이 더 쉬워졌다.

영국인 인류학자인 에반스 프리차드(E. E. Evans-Pritchard) 같은 사람의 훌륭한 지도 아래 이 방법은 몇몇 훌륭한 연구물을 남겼다.1) 하지만 1960년대가 되면서 문제들이 축적되기 시작했다. 탈식민지화로 인해 젊은 연구원들을 안전하게 배치하는 것이 전보다 어려워졌고, 특히 이들 중 일부가 침략한 벌목꾼들에 대항해 연구 대상인 사람들을 지키기 위해 싸우는 과격한 옹호자가 되면서 더욱 심각해졌다. 이들은 심지어 자기들 정부에 대항해 싸우기도 했다. 다른 사람들은 연구방법에 식민주의 정신이 포함되어 있다고 말했다. 즉 고대 문화를 통째로 집어삼킨 뒤 서구학계의 가상 박물관 속 진열장에 차갑게 전시한다는 것이다. "모든 종교는 참이다(all religions are true)"라는 뒤르켐의 유명한 말은 비트겐쉬타인(Wittgenstein)이 남긴 "이러한 언어-놀이가 벌어지고 있다(this language-game is played)"라는 말과 닮은 것 같다. 즉 시행

---

1) 에반스 프리차드 역시 인류학의 요동치는 역사에 대해 고심했던 많은 인류학자들 중 하나였다. 그가 쓴 *Theories of Primitive Religion*을 보라. 또 다른 저명한 인류학자가 에반스 프리차드에 대한 생각을 기록한 것으로 매리 더글라스(Mary Douglas)의 *Evans-Pritchard*를 보라.

되는 종교 체계는 모두 참이다. 하지만 매우 축소된 실증주의적 의미에서 그러하다. 종교는 그저 **거기에** 있는 것일 뿐, 그게 다다. 더 이상 할 말이 없다.

　더 심각한 것은 빅토리아 시대의 불가지론자들과 불신자들이 부족들의 믿음이 명백하게 거짓이라고 생각하면서도 자기 사회의 종교적 믿음에 익숙해 있기 때문에 부족들 믿음이 **의미심장하다**고 여기는 데 별 어려움을 느끼지 못했을 수도 있다는 점이다. 에반스 프리차드가 동아프리카 사람들의 종교적 믿음을 이해 가능하도록 하는 데 성공할 수 있었던 것은 그가 이미 로마 가톨릭으로 회심했기 때문이었다. 하지만 인류학자들 중 에반스 프리차드보다 더 일관되게 세속적이고 비판적이고 현대적인 사람들은 전통적인 아프리카(더 나아가 호주 근방과 파푸아) 사람들의 세계관을 도통 이해하기 힘들었다. 1970년경이 되어서야 비로소 로드니 니덤(Rodney Needham)과 같은 인류학자들이 우리가 우리와 완전히 다른 사람들의 마음과 온전히 같아질 수는 없다고 깨닫기 시작했다. 현대 서구에서 고등교육과 과학 및 기술의 거대한 물결이 몰려오면서, 오랜 기간에 걸친 **종교의 쇠퇴**가 더욱 가속화되었다. 그 결과 우리는 우리에게서 점점 멀어져 우리의 과거로 사라져버린 고대 신화적 종교의 사고방식으로 이야기하기가 점점 더 힘들어졌다. 이 일이 아직까지 공식적으로는 성직자인 **나에게도** 일어났다. 1950년대까지만 해도 나는 하느님이 어떤 분이신지, 영이 어떤 것인지, 죽은 자들의 거처인 초자연 세계가 어떤 것인지 잘 알고 있다고 느꼈었다. 물론 그때도 이미 내 안에 의혹이 있었지만 최소한 내가 의혹을 가지는 것이 무엇인지를 내가 알고 있다는 점에는 의혹이 없었다. 하지만 지금은…

인문학의 많은 분야들이 지금 내가 얘기하는 어려움에 대해 매우 잘 알고 있다. 그런데 한 분야에서 흥미로운 반격이 일어났다. 고고학은 작은 분야이지만 그 안에는 인간의 기원과 선사시대 기간 중 인간의 발달에 대한 이야기를 듣고 싶어 하는 일반 대중들이 많이 있다. 의식(consciousness)은 어떻게 시작되었을까? 언어는 어떻게 시작되었을까? "인지 고고학(Cognitive Archaeology)"은 우리가 문헌 자료가 없는 선사시대의 증거로부터 세계관과 믿음에 관해 추론할 수 있다는 것을 설득력 있게 보여주었고, 콜린 렌프류(Colin Renfrew), 스티븐 마이든(Steven Mithen), 데이비드 웨스트 윌리엄스(David West-Williams) 등의 저자들은 수많은 독자들을 확보할 수 있었다.

나는 그들의 작품에 크게 찬사를 보내지만, 내가 가진 철학적 의구심 때문에 나로서는 그들처럼 글을 쓰지는 못하겠다. 전통적인 종교적 믿음과 사고방식이 빠르게 사라지고 있다는 것은 내게는 의심의 여지가 없다. 혹시 종교가 살아남는다면, 과격하고 청교도적이고 반자유주의적인 종족민족주의와 같이 매우 축소되고 망가진 형태로만 살아남을 것이다. 그들이 어떤 하느님을 믿는지, 어떤 영을 믿는지, 죽은 자들의 거처가 어떻다고 믿는지(혹은 어디에 있다고 믿는지), 하느님이 어떻게 행동할 것이라고 믿는지, 종교적 삶이 어떠해야 한다고 생각하는지, 그리고 그들이 현재 어떤 삶을 추구하는지 아무도 분명하게 말할 수 없다. 이런 이유로 나는 새(bird)로 변한 샤만이나 먼 우주 어디에서 노를 젓고 있는 샤만 이야기를 단순히 받아들이기가 힘들다. 가족이 "생각 속에 길을 잃은"(lost in thought, 역자주: '생각에 잠긴'이란 뜻이지만 저자는 문자적 의미로 말장난을 하고 있다.) 나를 발견하면 "너무 멀리 갔다고"(miles away, 역자주: '딴 생각 한다고'라는 뜻) 놀리

겠지만, 나로서는 도무지 샤만을 신뢰하기가 힘들다. 도대체 샤만은 무슨 소리를 하고 있는 거야?

요약하자면, 우리는 지금까지 예상했던 것보다 훨씬 더 많이 철저히 세속화된 문화(secularization of culture)를 바탕으로 생각해야 한다. 이렇게 된 주된 이유는 문화가 이제는 철저히 과학과 기술의 지배를 받고 있기 때문이다. 1660년대부터 과학과 기술은 언어를 의미심장하고 진리를 말하는 데에만 사용해야 한다는 매우 엄격한 규칙을 적용해오고 있다. 그 결과로, 과거의 고급하고 화려했던 수사적인 문체들이 사라져버렸다. 서사시와 비극에 무슨 일이 일어났는지 생각해 보라. 현대 자연과학의 우주론이 비록 놀랍기는 하지만, 우리 자신에 대해서는 아무것도 말해주지 못한다. 종교, 윤리, 정치, 예술, 심지어 "인생"에 대해서도 마찬가지다. 그런데도 그런 우주론이 지금까지 만들어 왔고 지금도 만들고 있는 황무지(a desert)에 대해서는 알지 못하며 또한 말하지 못한다. 서사시와 비극의 죽음과 함께 삶의 모든 차원이 함께 사라졌고, 또한 우리가 어떻게 되돌아갈 수 있을지 나는 모르겠다.

출판을 위한 과학논문을 쓸 때 사용하는 언어에 대한 엄격한 규칙에 대해 얘기하고 보니, 내가 제안한 반격이 인지고고학자들의 반격과 어떻게 다른지 생각난다. 내가 주장한 것은 오늘날 종교가 말하는 보이지 않는 초자연적 세상과 그 거주민, 그 힘 등이 존재할 수 있는 유일한 장소는 묵살되고 거의 이해되지 못하는 언어 의미의 세상(world of linguistic meaning) 속뿐이라는 것이다. 내가 "생각에 잠겨" 있을 때, 나는 언어가 내 머리 속에서 빈둥거리며 아무렇게나 이동하는 소리를 듣고 있는 것이다.

이러한 생각은 그 역사가 오래되었고, 나 자신이 오랜 기간 이런 놀이를 해 왔다. 플라톤이 말한 지성으로 이해할 수 있는 형상의 세상(Intelligible World of the Forms)은 대중적인 종교적 믿음의 영적 세상(the spirit-world)을 철학적으로 합리화한 것으로 보인다. 형상은 영원하며, 강력하고, 원형적이며, 우리의 사고를 형성한다. 플라톤에게 형상은 객관적으로 존재하는 실재였던 것 같다. 아리스토텔레스에게는 형상이 우리 마음 속의 개념이고, 중세의 유명론자들(nominalists)에게 형상은 그저 이름(nomina = 단어)일 뿐이다. 하지만 기독교 플라톤주의에서는 형상의 세상 전체가 하느님의 생각(the Divine Ideas) 안에 봉해지는 경향이 있고, 그래서 형상은 하느님의 생각, 즉 모든 피조물의 원형이라고 재기술된다. 이와는 달리 형상, 특히 가장 강력한 형상을 천사나 하느님의 에너지로 보기도 한다.

기독교 플라톤주의에 대해 좀 더 살펴보자. 일신론(monotheism)이 견고히 유지되고 하느님이 강력했을 때, 하느님은 이데아/천사의 세상 전체를 통합하고 이에 대한 통제를 견고히 유지한다. "하느님"이라는 단어는 언어 모두가 "중심을 잡고" 제자리에 있도록 하는 주요 단어가 된다. 종종 "순결한" 언어와 "더러운" 또는 "나쁜" 언어 사이에 경계가 형성되고, 하느님이 강력하고 언어가 엄격한 규율로 통제하는 일반적인 상황 아래에서 반항적인 나쁜 단어/천사는 모두 언어의 천국에서 칼같이 쫓겨난다. 그들은 품위 있는 사람이라면 방문하거나 언급하지 않는 하층 세상에 감금된다. "불결한 언어"는 튀어나와선 안 된다. 하지만 하느님이 사망할 때가 되면, 언어의 규율이 붕괴되고 강력한 천사들/단어들이 풀려나 세상 사이를 미쳐 날뛰게 된다. 이는 아이리스 머독(Iris Murdoch)의 소설 〈천사들의 시대〉(*The Time of the Angels*)가 다루는 1960년대의 종교 위기와 비슷하다. 모든 것이 "탈억제"된다.

이런 생각들이 철학적 플라톤주의 주변을 2천 년 정도 맴돌았다. 여기서 내가 말하려는 것은 플라톤이 말한 형상(Forms), 아리스토텔레스가 말한 개념(Concepts), 천사단(the Angelic Hierarchies), 신적 이데아(the Divine Ideas), 보편 용어/추상명사 등이 이상적 원형(ideal archetype) 또는 세상에 있는 특정 실제 개체들(actual things)의 전형(exemplar)을 가리킨다는 점에서 어느 정도 일치한다는 점이다. 이러한 생각들은 모두 서로 연관되어 있고, 우리가 신비롭고 불가사의하고 잘 모르는 언어 의미의 세상(world of linguistic meaning)에 좀 더 주의를 기울이면, 삶의 잃어버린 차원을 어떻게 일부라도 회복할 수 있을지 보여준다.

누가 우리의 안내자가 될 수 있을까? 이 영역을 열기 위한 최고의 지적 전통은 프로이트(Freud), 라캉(Lacan), 데리다(Derrida)와 연관된 작가들이다. 라캉은 프로이트가 스스로를 과학자라고 주장하는 것을 무시하고, 대신 우리의 상징적 행동과 언어에 대한 탁월한 해석자로 여겼다. 데리다는 종종 두드러지게 독창적이고 계몽적이다. 게다가 데리다의 유산 관리인이 데리다의 유작들을 더 많이 출판하도록 허용하고 있으므로 칼 융(Carl Jung)과 그 제자인 조지프 캠벨(Joseph Campbell), 미르체아 엘리아데(Mircea Eliade) 등의 작품이 공헌할 소지가 있다. 하지만 지금 단계에서 내가 제시하는 한 가지 일반적인 주장은 언어/글/상징 등에 대한 철학이 풍부할수록 지금 우리의 모습이 생겨나게 만든 종교 사상의 오랜 역사에 대해 더 잘, 그리고 더 자세히 알 수 있다는 것이다.

7장

중보종교

우리의 새로운 대서사 신학은 4막, 또는 네 세대(dispensation)로 구성된 드라마이다.

이 드라마의 1막은 앞의 3장에서 말한 것처럼, 모든 것이 어떻게 시작되었는지를 말한다. 처음에, 아직 언어가 발달하기 전에 우리의 먼 조상들은 거품이 이는 어둠 속에서 살았고 가끔 기쁨 또는 슬픔으로 날카롭게 찌르는 섬광에 의해 밝아지기도 했지만 아직 언어에 의해 밝아진 것은 아니었다. 아직은 의식을 가지고 조직화되고 중심 잡힌 자아는 없었고 중심 잡히고 조직화된 세상도 없었다. 그들이 살았던 거품이 이는 어둠은 일시적이었지만 그들의 시간은 아직 선형(linear)이 아니었다. 왜냐하면 한쪽 방향으로 흐르는 선형인 시간 개념을 가지려면 문장이 있어야 하기 때문이다. 사실상 보통명사들과 동사들 ―실체(substance)와 인과성(causality)의 시작― 을 가진 다음에야 비로소 그들은 세상을 가지기 시작했다. 그들에게 유리했던 것은 살아남기 위한 절박성과 상대적인 미성숙함이었고, 그 덕에 많은 것을 빠르게 배울 필요와 능력을 갖추게 되었다.

그들은 두 가지 구분법을 배웠다. 첫째로, 그들은 환경 속에서 자신들에게 가장 중요한 특정 항목들을 종류로 나누는 법을 배웠다. 그들은 자기들이 사냥해야 하거나 도망쳐야 하거나 친하게 지내야 할 생명체의 종류에 대한 그림이나 표준 형태를 눈앞에 고정해 둠으로써 이 일을 해 냈다. 이 대상은 그들의 머리 속에서 개념이었고, 그들의 입술에서 "가젤"이나 "사자" 같은 보통명사였고, 그들의 종교에서는 토템이었다. 철학자는 이것을 보편 단어를 의미하는 보편 개념(a universal)이라고 부를 것이고, 그 적용 범위에는 제한이 없다.

그 환경 속에서 특정 개체를 뭔가 중요한 부류에 속하는 것으로 정확히 식별하는 능력은 매우 중요했기 때문에, 각각의 무리가 부족 전체의 토템 체계 안에서 특정 토템 하나를 자기들의 마스코트로 선정하는 방식을 통해, 전체 사회가 몇몇 토템 무리로 나뉘었다. 개개인은 자기 무리의 토템을 상징하는 나무나 돌을 지니고 다녔다. 이런 방식으로 사회 전체가 그 구조 안에서 그 사회가 속한 환경의 구조를 반영함으로써 일종의 살아있는 도서관이 되었다.

지식과 명사(=*nomina*, = 보편 "이름")의 기원에 대해서는 이쯤 해도 되겠다. 두 번째 중요한 구분법은 어떤 개체의 움직임과 그 움직임의 원인(바람일 수도 있고, 숨결일 수도 있고, 나에게 몰래 접근하는 숨어 있는 맹수일 수도 있고) 사이를 구분하는 것이었다. 이 지점이 인과성에 대해 우리가 처음 질문했던 지점일 것이고 우리가 처음으로 동사를 사용한 지점일 것이다.

누군가가 자아를 가지거나 자아에 대해 자각하기 전이라도 혼란스런 경험 속에서 이런 혼돈을 겪는 주체(subject)의 관점이 존재한다는 것을 인식하는 것이 가능하다고 나는 주장한 바 있다.

보편 용어(즉 토템, 또는 전형)의 지위에 대해 생각해 보자. 그 자체는 사라질 것들로 구성된 세상의 일부가 아니다. 모든 개별 가젤은 다 죽는다. 하지만 가젤성(gazellehood), 즉 보편적인 표준 가젤은 죽지 않는다. 그것은 시간 속에 있는 것이 아니다. 그것은 우리 눈앞에 있고, 우리와 우리 세상 사이에 있어서 우리가 특정 동물을 가젤이라고 인식하는 데 도움이 되는 원형 역할을 한다. 그런 의미에서 그것은 인도하는 것이고, 힘이 있고, 어떤 면에서 우리 머리 속에 있고, 우리는 계속해서 그것에 주의를 기울일 필요가 있다. 요약하자면 그 토템은 영(a spirit)이 되어가는 과정을 밟고 있다. 사람들은 종교 안에서 그 토템의 생명을 얻고 또한 그 토템과 교감하기 위해 그 토템을 희생시킨다.1) 이런 원리를 보여주는 매우 후대의 사례로는 성찬식에서 "예수는 '아누스 데이(Agnus Dei=하느님의 어린 양)'이다"라고 말하며 예수의 호칭으로 "하느님의 어린 양"을 사용하는 것이다.

이쯤하면 된 것 같다. 이제 2막, 곧 앞의 4장에서 다룬 내용으로 넘어가 보자. 우리는 마지막 빙하시대 이후 우리 선조들이 점차 정착하여 농부가 되고 국가 사회에서 시민이 되면서 일어난 엄청난 문화적 변화를 살펴보았다. 농부들에게는 필요한 것들이 있었다. 즉 농부들은 약탈하는 무리에 저항할 군사적 보호가 필요했고, 소유권, 경계, 유산 등에 관한 분쟁을 해결할 법이 필요했고, 농작물을 제값 받고 팔 수 있다는 신뢰를 주는 시장이 필요했고, 해마다의 농사 작업 일정을 알려줄 달력이 필요했다. 더 나아가 그들은 농기구, 그릇, 옷감 등을 공급해줄 전문적 장인들도 원했다. 사실상 그들은 온갖 필요를 채워줄 도시가 필요했고, 자신들을 위해 싸워줄 왕이 필요했고, 도시에 좌정

---

1) Maurice Bloch, *Prey into Hunter*를 보라.

해서 자신들의 삶 전체를 유지해주고 통제해줄 신이 필요했다. 거래할 물건을 가진 사업가들과 마찬가지로 농부들 역시 평화를 원했다. 하지만 끊임없이 전쟁을 벌이는 도시국가의 땅에 평화가 찾아오려면 비싼 값을 치러야 했다. 성경 속의 이스라엘 사람들은 다음과 같은 경고를 듣지 못했다고 말하지 못할 것이다. "왕이라고? 왕은 자기 건축사업을 위해 세금을 무겁게 매길 것이다. 왕은 너희 아들들을 데려다가 강제 노역을 시키고 군대에 보낼 것이고, 너희 딸들을 데려다가 향료를 만들게 하고 요리를 시킬 것이다. 그래도 왕(a king)을 원해?" 대체로 그들은 원했다. 그들 대부분이 원했다(사무엘상 1장을 보라.)

청동기와 초기 철기시대 문명 가운데 마침내 발달한 이런 웅대한 이데올로기는 성경뿐만 아니라 세계 도처에서 흔했다.[2] 이러한 사상은 여러 형태로 매우 최근까지 모스크바, 베이징, 도쿄, 아디스 아바바, 라싸, 이스탄불 등에 살아남았다. 종교적으로 인가된 절대 군주제(absolute monarchy)는 어떤 종교인지에 대해서는 전혀 까다롭게 굴지

---

[2] 편집자주: 기원전 8세기 차축시대(Axial Age)의 시작은 철기(鐵器)문명을 배경으로 한다. 즉 철기문명이 초래한 농지 확장, 제국들의 발전, 직업 군인 제도화, 대규모 전쟁과 학살, 그리고 노예화뿐 아니라 화폐, 사유재산, 이자 도입으로 인한 수탈과 탐욕의 구조화, 전통적 마을 공동체 해체 등 사회적 불의에 대한 포괄적인 대응책을 마련한 것이 차축시대 세계종교의 출현 배경이었다(울리히 두크로 & 프란츠 힌켈라메르트, 한성수 역, 『탐욕이냐 상생이냐』(생태문명연구소, 2018), 28-31, 97-92. 한 사례로, 노자와 공자가 살았던 춘추전국시대는 중국 역사에서 획기적인 변화의 시대였다. 그 시대 이전에는 정전제, 즉 공동체 전체가 토지를 공유하고 경영했지만, 춘추시대 동안에 철기 사용으로 인해 공동체 밖의 삼림을 개간하는 일이 용이하게 되어 공동체를 떠나는 사람들이 증가함으로써 정전제가 무너지고 사적 토지 소유제가 진행되었다. 또한 춘추시대에 화폐가 주조됨으로써 빈부격차가 더욱 심해지기 시작했다. 그 결과 한 무제 시기의 유학자 동중서(기원전 170-120년?)는 "혹자는 토지를 산과 강을 경계로 하여 소유하고 혹자는 입추(立錐)의 여지(餘地)도 없다"는 유명한 말을 남겼다. 김한규, 『동아시아 역사상의 한국』(세창출판사, 2015), 149, 188.

않았다. 그저 정당하게 인가를 받기만 하면 되었다. 하지만 초자연적 세상이 한 분 하느님(one God) 안에서 중심을 잡으면 잡을수록, 그리고 국가와 비슷하게 우주를 바라보면 볼수록, 국가에서 명령의 길고 긴 사슬(chain of command)이 일반인의 머리로부터 똑바로 위로 올라가 있는 것처럼, 사람들은 모두 더욱 더 엄격하게 통제받게 된다는 점을 우리는 알아야 한다. 충분히 발달된 국가 사회에서 종교는 신적인 왕권(divine kingship), 또는 적어도 "기름 부음 받은" 신성한 왕권을 지니게 되어 모든 것 위에 법(law)으로 군림하게 된다.

아브라함 같은 부자 유목민들이 한때 누렸던 것과 같은 자유를 누리는 사람은 이제 없다. 이제는 정도의 차이만 있을 뿐 국가 사회 안에 있는 사람은 모두가 그 체제 안의 자기 자리에 갇혀 있고, 모두가 자기 계층의 죄수(prisoner of his own rank)일 뿐이다. 심지어 왕이든 교황이든 마찬가지다. 그 체제가 종교적으로 예술적으로 훌륭하다고 감탄할 수도 있다. 또 그 체제를 찬양하는 멋진 예술작품들에 감탄할 수도 있다. 하지만 그처럼 고도로 통제되는 사회에서 살고 싶어하는 사람은 없을 것이다. 누군가 그 체제는 신이 제정한 것이라고 확고하게 믿는다 해도 전쟁에 지거나 정치적 붕괴를 겪게 되면 그 믿음도 따라서 무너지기 쉽다. 고대 이집트와 메소포타미아 문헌을 보면, 보통 사람들에게 자기 세상이 무너진 일이 얼마나 트라우마였는지 알 수 있다. 글쓴이는 아마도 글을 쓸 줄 아는 서기관이었을 텐데 (당대에는 소수였겠지만) 지금은 대다수가 글을 쓸 줄 안다.3)

중보종교(mediated religion)4)가 발달한 체제에서는 새로운 유형의

---

3) 예) 프리차드(Pritchard), 각주 7, 455쪽 이하, 611쪽 이하.
4) 편집자주: 중보종교(mediated religion)는 직접종교(immediate religion)의 상대 개념이다. 하느님과 직접 소통한 모세는 직접종교의 대표적 인물이었지만, 그

전업 종교인이 등장하게 된다. 이들은 '클레루스'(clerus, 서기관 또는 성직자)라는 학식있고 박식한 사람들인데, 제사장인 경우도 있고 아닌 경우도 있다. 이 계급에 속한 사람들은 모두 검은 옷을 입고, 종교적 지식과 제례 기능을 갖추어야 한다. 이들은 종교용이자 시민용인 달력을 결정하고 출판하는 일을 돕기 때문에 우주론에 관심이 많다. (교황과 여왕은 지금도 자신을 위한 천문학자와 관측소를 보유하고 있다.) 아울러 이들 전업 종교인들은 경전 해석, 종교법 출판과 집행에도 큰 관심을 가지고 있다.

내가 말하고 있는 이런 중보종교는 시간이 지남에 따라 성문화되고(즉 책에 기록되고), 다듬어지고, 일상화된다. 신성한 기록의 규모가 점점 커진다. 특히 힌두교와 불교에서 그러하다. 전업 종교인의 숫자와 종교 건축물의 화려함이 기하급수적으로 증가한다. 결국 중보종교 체제는 그 자체 안에서 종말을 맞게 되고, 원래 **지향했던** 것이 무엇이었는지 잊게 된다. 사실상 주된 관심사는 살아남는다. 처음에는 종교가 자아에게 유익했다. 좀 더 정돈된 세상에서 안정되고 일상화되고 정착된 삶을 제공했기 때문이다. 하지만 결국 삶은 종교법의 지배를

특별한 종교체험을 사람들과 후대에 전하기 위해 만들어진 "은총의 수단들," 즉 사제들, 안식일, 성전, 예배, 법, 경전, 절기, 교리 등은 보통 일상화, 제도화, 절대화, 박제화되어 억압적인 종교가 되기 쉽다. 따라서 인간이 하느님과 소통하기 위해서는 반드시 그 중보적 수단들을 거쳐야 한다고 주장함으로써 중보종교 체제는 직접종교를 가르친 예수를 처형하는 데 앞장섰고, 중세시대 신비가들도 처형했다. 이처럼 "예수는 중보종교를 비판하고 반대하다 죽어갔지만," 예수의 무덤 위에 세워진 기독교는 "인류 역사상 가장 거대하고 가장 찬란한 중보종교"로 둔갑했다. 이처럼 오랜 세월의 아이러니에서 벗어나게 된 것은 역사적 예수 연구를 통해 직접종교를 받아들이게 된 이후였다. 따라서 제도종교의 성직자들이 "은총의 수단들"을 절대화할 경우에는 종교가 언제나 사람들을 억압하는 괴물이 될 수 있다. 참조, 돈 큐핏, 〈예수 정신에 따른 기독교 개혁〉, 박상선·김준우 역 (한국기독교연구소, 2006), pp. 43, 193.

받게 되었다. 대다수 사람들에게 윤리란 자신보다 위에 있는 자를 향한 순종과 섬김과 찬양일 뿐이었다.

반면 오랜 유형의 전업 종교인들, 즉 카리스마가 있고 상상력이 풍부한 샤만 또는 예언자들은 사라지지 않았다. 그들은 세속적 신비주의자, 공상가, 시인 등의 모습으로 여전히 종종 나타난다. 이런 유형으로서 가장 사랑받는 현대 영국인의 사례로 괴짜 화가이자 시인인 윌리엄 블레이크(William Blake, 1757-1827)를 들 수 있다. 다른 분야와 마찬가지로 종교에서도 표준화된 것(standardization)은 정상인 것이고 개성적인 것(individuality)은 미친 것으로 여겨졌다. 블레이크도 예외일 수 없었다. 우리는 획일화된 정통 성직자는 정상으로 보고, 블레이크는 미친 것으로 본다. 하지만 동시에 우리는 블레이크의 최고 수준의 시적 재능의 섬광에 매료된다. 블레이크는 종교가 기성품화(ready-made) 하는 대신, 현실과 우리 자신을 변형하고 변화시킬 상상력을 줄 수 있다고 제안한다.

고대에 초기 국가 사회의 종교는 과도하게 정치적이고, 우주론에 기초하고, (전업 종교인) 인원도 많고, 비이성적이고, 압제적이었기에 기원전 7세기경부터 이에 저항하는 것이 매우 중요해졌다. 그러므로 우리의 새로운 대서사 신학의 3막은 개인(the individual)의 등장으로부터 시작한다. 개인은 다른 상황에서는 현자(sage), 예언자, 철학자 등으로 나타난다.

현자에 대해 먼저 살펴보면, 종종 비관적이고 회의적이기도 한 개인의 수준 높은 사변적인 생각에 대한 증거가 이집트 중왕국 초기까지 거슬러 올라가며, 처음에는 정치적으로—그리고 자연스레 종교적으로—불안정한 시기와 주로 관련된다. 우리에게 남겨진 문서들은, 우리가 읽을 수 있는 자료를 오래도록 살아남을 수 있는 형태로 남길 수 있었던 서기관과 같은 지식인들로부터 온 것이다. 청동기시대 후기와 철기시대 초기에 현자와 그의 지혜는 주로 왕에게 조언하는 데 쓰였다. 도시국가가 전쟁 중이고 열광 상태일 때, 왕에게는 차갑고 이성적이고 공평무사한 조언자와 행정가가 필요했다. 조언자의 역할은 공무원으로 일할 젊은이들을 훈련하는 학교를 운영하는 것도 있었으므로 현자가 조언자가 되기에 좋았다. 현자의 가르침은 속담, 격언, 그리고 인간의 행동, 동기 및 그 결과 등에 대한 날카로운 개괄 등의 형태로 전달되었다. 특히 학생들이 정치 분야에서 저지를 수도 있는 치명적인 실수를 막기 위해 자기인식 능력과 자기비판 능력을 충분히 가르칠 필요가 있었다(국내 사건과 국가 간의 사건 모두에 대해). 많은 방면에서 이러한 사고방식은 우리가 아는 한 최초의 비판적 사고이자 최초의 세속적 사고이다. 특별히 이 방식이 자기인식, 자기통제, 자기수양의 방편으로서의 종교적 금욕주의보다 먼저 나왔다는 점을 주목하기 바란다. 이는 종교 역사가 "외부"로부터, 그리고 온전히 세속적인 사고방식에 의해 지대한 영향을 받은 몇 안 되는 중요한 경우이다. 이를 통해 내가 말하려는 것은 냉정하고 훈련되고 공정하고 자기비판과 자기통제가 가능한 관리가 철학자, 과학자 및 기타 후대의 비판적 사고가들의 선구자라는 것뿐만 아니라, 이러한 특별한 사고방식이 종교 자체에도 매우 중요한 가치를 지녔다는 것이다. 종교 역사가인 트레버 링(Trevor Ling)은 불교 영성의 경우 이미 시작되어 있다가, 그 처음 몇 세기가 지나 위와 같은 상황에 이르자 주요하게 기능했다고 주장했다. 붓다는 왕가에서 태어났다고 알려져 있고, 자아가 극도로 차분하고 집착하지 않고 평화로운 상태에 이르는 방법을 가르쳤다. 초기 불교 승려는 종종 상담자 역할을 했고, 왕가에서 가정교사 역할을 했다. 그 뒤 아소카(Asoka) 왕이 나왔고, 불교가 예상외로 일찍 "설립"되었다.

아마도 트레버 링이 맞을 것이다. 붓다에 이르러 정점을 찍게 되는 현자들은 끊임없이 전쟁을 벌이는 작은 도시국가들의 세상 가운데 횡행하던 폭력적이며 자기 파괴적인 열망으로부터 사람들을 해방시키는 데 주로 관심을 두었다. 개인 사상가의 두 번째 그룹인 초기 **철학자들**은 도시국가에서 발전한 이데올로기들의 지적 부조리를 비판하는 것이 주 목표였다. 도시국가들은 각각 자신이 세상의 중심이라 여겼고, 자기 신들이 진짜 신들이라 여겼고, 자기네 시설과 신전이 하늘의 원형을 본뜬 거라 여겼고, 자기네 종교법이 참된 우주의 법이라 여겼다. 그 결과는 극단적인 종교 지역주의, 즉 종교적 "독단"이었고, 이는 지금도 종족민족주의(ethnonationalism)라는 이름으로 여전히 흔하다. 관찰력 있는 사상가라면 교역과 여행의 시대에 토착 신앙과 관습이 그렇게나 다양하다는 점에 놀라지 않을 수 없다. 각각의 독립된 도시국가는 우물과 같고 그 시민들은 우물 밑에서 자기네 우물이 세상 전체라고 생각하는 개구리와 같다. 초기 철학자들은 이런 사고방식을 피하기 위해 세속적이고 보다 더 이성적인 자연철학(philosophy of nature), 우주 질서를 찬양하는 우주적 신앙심, 최소한 **인간**의 본성(nature)과 일치하는 온건한 이성적 윤리 등을 발전시켰다.

초기 지식인들의 세 번째 그룹은 윤리적 일신교, 특히 초기 이스라엘의 **예언자들**이다. 이들은 과거 유목민 때의 단순하고 자유로운 생활방식을 돌아보았고, 인격적으로는 그 당시에 생활방식을 지도했던 카리스마적인 샤먼과 현인(oracle)을 어느 정도 닮았다. 이들은 도시국가 생활의 부패와 만연한 종교적 불만에 대해 매우 비판적이었으며, 그 중에서도 특히 성전과 시장(market)에 대해 매우 비판적이었다. 이들은 언약(covenant)이— 흥미롭게도 우리의 현대 정치인들이 여전히 쓰고 있는 어휘다— 깨졌다고 생각했다. 그런데 이들 예언자들이 언약이라는 말로 뜻한 것은 무엇이었을까? 그리고 그 처방은 무엇이었을까?

언약은 이들의 조상들이 과거의 유목생활을 버리고 도시 중심에 고정된 성전에서 영원히 살기로 한 하느님의 보호 아래 풍성하고 안정되고 규칙의 지배를 받는 삶을 얻는 조건으로 맺은 계약이다. 이렇게 고정된 성스러운 중심으로부터 달력과 시장이 규정되었고, 화폐가 발행되었고, 법이 공포되었다. 그 계약 내용은 사람들이 문명화의 모든 유익을 얻는 대신 그들의 신에게 배타적으로 충성해야 하고 그 법에 온전히 순종해야 한다는 것이었다.

초기 문명의 이데올로기들이 워낙 잘 구성되어 있었기에 뭔가가 잘못 돌아가게 되면 그것은 절대 신의 잘못이 아니었고 언제나 인간의 잘못이었다. 신은—혹시 불편하다면 신의 제사장은—비난 게임(blame game)에 매우 능숙한 대가이다. 적이 급습하여 도시를 약탈한다면, 또는 농사를 망친다면, 그 이유는 인간이 충분히 순종하지 않았기 때문이다. 새로운 위기가 닥칠 때마다 그 체제는 더더욱 가혹해지고 포학해진다. 그러다 마침내 예언자가 나타나 완전히 새로운 언약이 필요하다고 선언하고, 하느님이 그 조항을 발표한다.

기대하는 개혁의 주요 방향은 명확하다.5) 발달된 사회에서 하느님이 점점 더 높여지고 중심을 차지하게 되면서, 하느님은 점점 더 멀어지게 된다. 초기 국가의 이데올로기는 하느님이 맨 꼭대기에 있고, 농부 피어스(Piers Plowman)는 노예로서 맨 아래에 사는 거대한 권력 피라

---

5) 예레미야 31:31-34; 에스겔 36:22-28; 37:1-14; 요엘 2:28 이하 등등.

미드로 실재를 구성했다. 실제로 고대국가는 보통 노예사회였거나 최소한 다양한 형태의 노예제와 노예노동에 의존한 사회였다. 일반인에게는 하느님이, 비인간적이고 엄격히 집행되는 신성한 법(Law)의 벽 뒤로 사라져버렸다. 종교적인 직접성을 어떤 형태로든 되살릴 필요가 있었다. 그 결과 **민주화**(democratization)가 요청되었다. 즉 하느님은 중심으로부터 멀어져야 했고, 하늘로부터 내려와 스스로를 나누어주어 영(spirit)으로서 인간의 마음속에 들어가야 했다. 이것이 마침내 수렵-채집 시기에 종교가 시작된 지점이다. 신성한 세상이 언제나 사람들의 눈앞에 있었다. 사람들은 신성한 세상을 **통해** 보면서, 신성한 세상을 생활세상을 조직하고 이해하기 위한 수단으로 삼는다. 극지방이나 호주의 사막도 불모지가 아니라 이야기와 영이 가득한 곳으로 볼 수 있었고, 그러한 이야기와 영을 **통해** 사람들은 피해갈 방법을 찾아냈고 자기들의 삶을 살 만하고 풍성한 것으로 만들었다. 사람들은 자신들의 이상적 문화이자 자기들 안에 늘 내주하는 초자연적 질서에 온전히 집중하기 위해 종교 제례(ritual) 속에서 최면상태로 들어갔다.

그러므로 예언자들에게 하느님은 하늘로부터 내려와, 중심으로부터 멀어지고 스스로를 분산시켜 영으로서 모든 인간의 마음속에 들어가야 했다. 하느님과 자아가 이런 식으로 같은 중심을 가지게 되면, 인간은 더 이상 외부 법전의 지배 아래 있지 않게 될 것이다. 인간에게는 "살(flesh) 같은 마음"이 있을 것이고, 또한 훌륭한 삶을 의미 있게 자발적으로 사는 법을 알게 될 것이다. 이들은 종교적으로 비이분법적인 **불이**(不二, non-dual) 상태가 될 것이고, 이들의 마음은 새로워질 것이다.

우리가 고대해온 이러한 미래의 종교 상태를 "하느님 나라"라고 부르게 되었다. 하지만 알아야 할 것은 이 상태는 사회적으로 구축된 외부 세상에서 하느님이 최종적으로 사라짐을 의미한다는 것이다. 초기 국가 사회의 대상적(objective) 하느님은 우주의 절대 군주였다. 정치는 하느님을 사랑했지만, 종교는 하느님으로부터 철저히 소외되었다고 느꼈다. 이것이 바로 하느님과 연합(union with God)하기 위한 과거의 신비주의적 열망이 동시에 대상적 존재인 타자로서의 하느님(God as objective being, as Other)이 사라지기를 요구했던 이유이다. 하지만 하느님은 사라지는 대신 온전히 내재화되었다.

8장

율법의 종말

갈릴리 나사렛의 예수는 기원후 30년 정도에 몇 년 동안 팔레스타인 지역을 여행하면서 가르친 유대인 교사이자 유명한 치유자였다.1)

이것이 사람들 사이에 심각한 불일치 없이 예수에 대해 말할 수 있는 거의 전부다. 그의 생애에 대한 자료가 많으면서 품질의 차이가 많이 나고, 걸려 있는 종교적 이해관계가 매우 중대하기 때문이다. 거의 모든 학자들은 여러 증인들 가운데, 오직 성 요한(St John) 한 사람만 선재하던 신적 존재(pre-existent divine being)가 육신이 되었고 사람으로 살다가 죽었다는 정통 기독교의 시각을 지지한다는 점에 동의할 것이다. 그리고 요한이 사용한 어휘와 가르침 속의 예수는 마태, 마가, 누가의 예수와는 너무나 다르기 때문에 요한은 따로 떼어놔야 한다는 점에 모두가 동의한다. 요한의 예수는 역사의 예수(historical Jesus)가 아니며, 하느님이 교리상의 오류로부터 교회를 지켜준다는 가톨릭의 교리(괴상한 순환논리다2))를 신봉하지 않는 이상 교회가 대대로 가르쳐

---

1) 이 장의 논의에 대해서는 나의 책 *Jesus and Philosophy*를 보라.
2) 하느님이 교리상의 오류로부터 교회를 지켜준다는 것 '자체'가 교회 교리의 일부다. 데리다(Derrida)가 미국 헌법에 서명하는 것에 관한 책을 쓴 적이 있는데,

왔던 믿음은 오해라고 결론지을 수밖에 없다.

그렇다면 마태, 마가, 누가, 그리고 (일부 유보 조건을 지닌) 도마의 예수의 가르침에 대해서는 무슨 말을 할 수 있을까? 대부분의 학자들은 예수가 스스로 유대인의 메시아라고 주장하지 않았다고 생각한다. 예수의 핵심 가르침은 "하느님 나라"가 가까이 왔거나 이미 왔다는 것이다. 과거 예언자들의 소망이 성취되었다. 신의 세상(the divine world)과 인간의 생활세상(the human life-world)이 마침내 함께 모여 하나가 되었다. 새로운 시대가 시작되었고, 완전히 새로운 방식으로 살 때가 시작되었다.

그 두 세상 사이의 오랜 간극을 종식시키는 것, 그리고 하느님과 개별 인간 사이의 오랜 반목을 종식시키는 것의 결과는 지금까지 하늘의 하느님과 땅 위의 인간 사이의 심연에 다리를 놓는 것으로 여겨지던 중보종교가 더 이상 필요 없게 되는 것이다. 실제로 예수는 이런 것 대부분, 특히 성전과 다양한 전업 종교인과 율법에 매우 비판적이었다.

이처럼 새로운 상황의 더욱 획기적 결과는 하느님이 대상적 존재이기를 그쳤다는 것이다. 하느님은 자신을 비워 인간의 마음으로 들어갔다. 하느님과 인간의 자아는 더 이상 둘이 아닌, 같은 중심을 가진 (concentric) 존재가 되었다. 정결한 것과 불결한 것, 선한 것과 악한 것 사이의 차이가 더 이상 인간에게 "타율적으로" 부과되지 않게 되었다. 즉, 모세에게 계시되고 대대로 물려받은 하느님의 법전 형태로 부과되는 게 아니라 온전히 자율적인 인간 마음에 달렸다는 것이다. 잘 산다

헌법이 서명되기 전까지는 서명에 참가한 사람들에게 서명할 자격이 없다는 점을 지적한 바 있다. 순환성은 무오한 경전을 포함해 여러 위대한 설립(founding) 문서에서 흔히 볼 수 있다.

는 것은 규정을 지키는 문제가 아니다. 오히려 규정에 기초한 도덕성은 예수가 보고 싶어 했던 유형의 인간을 만들지 않았고 만들 수도 없었다. 도덕철학에서 철저한 주정주의자(emotivist)이자 윤리표현주의자(expressivist)였던 예수에게 있어 "태양 같은" 방식(solar way)으로 살면, 즉 마음에서 우러나 표리부동하지 않게 살면, 그 결과 표현하는(expressive) 삶이 개방되고 솔직하고 관대하고 긍정적인 감정의 흐름 위에 쏟아 부어진다면 잘 사는 것이다. 여기서 예수가 말하는 핵심은 법에 기초한 도덕은 우리를 너그럽지 못하게 만든다는 것이다. 우리는 언제나 이웃을 흘겨보면서 우리의 기대보다 이웃이 잘 되면 배 아파한다. 예수는 우리가 단순한 정의를 넘어서서 열광적이고도 극단적인 관대함을 베풀지 않는다면, 우리는 전혀 도덕적 인간이 아니라고 역설적이지만 놀라운 주장을 펼친다.

이러한 새로운 가르침 탓에 예수는 대중적인 의미에서 종교적인 사람이 아니었다. 예수는 죄와 구원에 대해 가르친 적이 없고, 스스로를 정결케 하여 하느님에게 나아가기 위한 영혼의 길고 고된 여행을 위한 여정이나 안내도를 제시한 적이 없다. 키르케고르(Kierkegaard) 시기까지의(그리고 그 이후의) 대부분의 기독교인과는 달리 예수는 "양서류"가 아니었다. 즉, 한쪽 눈은 이 세상에 두고, 다른 쪽 눈은 하느님이 거주하는 영원한 세상에 두고 살아가는 사람이 아니었다. 오히려 예수의 견해는 온전히 세속적이고 현세적(this-worldly)이었다. 예수가 종교적이라고 한다면, 그것은 예수가 우리에게 원하는 것이 지금 여기에(the here and now) 전적으로, 사심 없이, 매우 솔직하게 몰두하는 것이라는 의미에서 그런 것이다.

이 대목에서 예수는 비슷한 얘기를 했던 여러 다른 교사를 생각나게 한다. 예수 당시의 헬레니즘 문화에서는 이미 신적 인간(theios aner)이라는 개념이 정립되어 있었다. 신적 인간은 뛰어난(superior) 인간으로서 자신의 종교를 완전히 제 것으로 삼고서 자발적으로, 결백하게, 힘들이지 않고, 긍정적으로 그 종교를 살아내기 때문에 더 이상 종교의 멍에 아래 있지 않고 자유로우며 온전히 성숙한 사람이다. 불교의 보살(Bodhisattva)이 어느 정도 그와 비슷하고, 마르크스주의의 새로운 인간(New Man)과 니체(Nietzsche)의 초인(Overman)과도 비슷하다.3) 뛰어난 인간은 누구를 원망하거나 반발하는 감정을 가지고 살지 않는다. 이런 사람은 온전히 긍정적이고 어떤 형태로든 악의나 적의를 품지 않는다.

    예수 당시의 사람들은 예수의 가르침을 어떻게 받아들였을까? 분명히 일부는 좋아했을 것이다. 아니라면 예수에 대한 기억과 예수의 어록 등이 우리에게까지 전해지지 않았을 것이다. 그런데 공관복음은 폭넓은 범위의 날카로운 비판을 보존하고 있다. 즉 '예수는 미쳤다,' '사탄과 한편이다,' '질 나쁜 친구들을 사귄다,' '정결 의식과 안식일을 철저히 지키지 않는다,' '먹기를 즐긴다' 등등의 비판이다. 어떤 사람은 예수가 율법을 폐지하러 왔다고 생각했고, 그래서 예수를 이스라엘을 타락시킬 "마법사" 또는 거짓 예언자로 여기거나 이단자, 심지어는 철저한 신성모독자로 여기기도 했다.

    예수의 추종자들이 그러한 일련의 비난을 만들어낼 이유가 있었을

---

3) 우주적 인간(a cosmic man)이 거인의 크기로 묘사되고, 우주 자체가 거인처럼 생긴 것으로 묘사되는 일은 아시아 종교에서 흔하다. 이슬람도 "완벽한 인간"(Perfect Man)을 알고 있다. 이와 같은 신화적 주제들은 도처의 종교적 사상이 궁극적으로 인본주의(humanist)에서 기원했다는 것을 증명하는 것이다. 나의 책 *The Nature of Man* 2장을 보라.

것 같지가 않기 때문에, 그런 내용들은 꽤나 역사적 사실인 것으로 보이고, 내 생각에는 그게 맞는 것 같다. 어쨌든 예수는 이 사람들의 세상의 종말과 많은 경우 이들의 생계수단의 종말을 선언했다. 마태는 황당하게도 예수가 모세 율법을 철저히 지지했다고 주장하려 했다.[4] 하지만 실제로는 예수의 죽음 이후 오래지 않아 유대인들이 중심이 된 초기 교회는 모세 율법을 이방인 개종자들에게 부과하지 않기로 결의했다. 그러므로 교회는 새로운 이스라엘(New Israel)이 되는 것과 과거의 중보종교 체제가 종말을 맞은 이후 새로운 시대(new era)로 이동하는 것 모두를 주장하는 입장에 서 있었다. 새로운 탈토라(post-Torah) 종교는 동방교회의 경우 2~3백 년 동안 여전히 유대인 구성원들이 상당히 많았고 광범위한 유대적 특징을 가지고 있었다. 또한 이디오피아 교회는 오늘날까지도 유대법의 일부 요소를 준수하고 있다. 하지만 전반적으로 드러난 내용은 예수의 본래 가르침에 대한 나의 설명을 지지하고 있다(물론 이견의 여지는 있다.) 예수의 추종자들에 따르면, 예수는 율법의 종말을 가르쳤고 예수 자신의 인격(person) 안에 그 종말이 있었다. 이 종말은 중보종교 시대 전체의 종말이었고, 새로운 유형의 인간의 출현이었는데, 이 인간 안에서 종교는 그 역사적 사명을 완수했다. 이러한 새로운 인간인 "마지막 사람(the Last Man)"은 새로운 신적/인간적 방식으로 전례 없는 자유를 누리며 사는, 온전히 통합된 완전한 인간이다.

예수의 가르침에 대한 기독교인들의 반응은 초기 유대인들의 반응만큼이나 혼합되어 있다. 보수적 개신교는 보통 "산상설교"가 매우 훌륭하기는 하지만 너무나 원대해서 예수가 약속한 나라가 오기까지는

---

[4] 마태복음 5:17-19.

실천할 수 없다고 여겼다. 아마도 천국에서는 우리가 그렇게 살 수 있 겠지만, 여기 이 땅 위에서 죄인인 우리는 계속해서 엄격하게 단련을 받아야 한다. 그리고 부르주아 기독교인이라면 국가가 자신의 재산을 공권력으로 지켜줄 것을 기대할 것이다. 반면에 가톨릭은 그만큼 관대하지 못했다. 사랑에 대한 예수 특유의 가르침은 14세기부터 17세기 사이에 자주 촉발되었던 "순수한 사랑(Pure Love)" 논쟁 가운데 토의되었고, 트렌트 공의회에서는 (진정한 사랑은 정의를 넘어서고, 또한 정의를 완전히 무시한다는) 예수의 견해를 비난하면서, 사랑은 정의 위에 기초하고 있고 또한 정의를 필요로 한다는 아리스토텔레스의 견해를 옹호하였다. 가톨릭은 또 자기사랑(self-love) 개념과 공적(merit) 개념을 승인했다. 예를 들어, 신자가 하늘의 상을 받기 위한 기대 때문에 하느님을 사랑하는 것이 완전히 정당화되었다. 신앙이 대가를 바라는 것은 정당한 것이고, 또 실제로 받게 될 것이다. 그러므로 주류 서방 기독교가 예수의 가르침을 이단(heretical)이라고 비난한 것은 그 자체의 관점에서 볼 때 옳은 것이었고, 또한 신자들은 예수가 "네 이웃을 너처럼 사랑하라"고 가르쳤다고 믿도록 교육받았다. 예수가 이러한 견해를 제대로 비판했지만 말이다. 예수는 은인을 사랑하는 것은 쉽다고 말한다. 진짜 시험은 우리의 원수를 사랑할 수 있느냐이다. 그러기 위해서는 불의에 대해 분개하거나 맞서 싸우지 않는 대신 불의를 넘어서고 무시하는 영혼의 진정한 위대함이 필요하다. 진정 고귀한 사람은 자신의 영혼이 불만과 원한이라는 독에 물들도록 내버려두지 않고, 심지어는 자신에게 가해진 악행을 **알아채지도** 못한다. 이 지점에서 예수는 니체(Nietzsche)와 그리 멀지 않고, 넬슨 만델라(Nelson Mandela) 같은 사람은 이들 중 한 사람에게서 배웠을 가능성이 있다. 물론 나의 추측은 만델라가 간디(Gandhi)를 통해 예수에게서 배웠다는 것이지만 말이다. 하나 주목할 것은 니체를 존경하는 사람들이 "**위험하게 살라**"는 경구를 꼽을 상황에서 예수를 존경하는 사람들은 예수의 견해를 "**너그럽게 살라**"는 경구로 요약할 것이라는 점이다.

예수의 가르침은 기독교인들 사이에서 인기가 별로 없었다. (기껏해야 프란체스코[Francis], 몇몇 신비주의자들과 이단들, 일부 초기 영향력 있는 박애주의자들 정도?) 그런데 예수는 힌두교인과 불교인들 사이에서 더 환영받았다. 이들은 예수에 관한 교회의 초자연적인 교리들의 사슬(chain of supernatural doctrines) 때문에 혼동할 일이 별로 없었기 때문이다. 오늘날에도 사람들은 아시아인들이 예수 윤리의 핵심을 빠르게 짚어내고 진심 어린 존경을 표하는 모습에 놀라기도 한다.

결론적으로, Q/누가복음(마태복음과 누가복음에 공동으로 나오는 가르침 자료로서 학자들 대부분은 누가복음에 더 잘 보존되어 있다고 생각한다.)에 거의 ―아마도 가장 잘― 보존되어 있는 갈릴리에서의 예수의 윤리적 가르침이 우리의 새로운 대서사 신학의 4막이자 그 중심 이야기의 마무리가 된다. 줄거리(plot)는 끝이 난다. 즉 모든 것이 함께 모이고 언어로 형성된 우리 인간의 생활세상 속에 끝이 없고 순전히 우발적인 것들의 흐름만이 남아 있다. **후마눔**(*humanum*, 구체적인 보편 인간)이 있고, 무상함(transience)의 통렬한 아름다움이 있다. 다른 것은 없다. 갈릴리 이후 우리가 갈망할 만한 더 이상의 위대한 실재는 없다. 우리는 정점, 최정상에 다다랐다. 나는 예수가 개인적으로 그곳에 다다랐는지는 잘 모른다. 하지만 나는 예수가 그것이 무엇이었고 무엇인지를 보았고 또한 보여주었다고 생각한다.

그 이후 무슨 일이 일어났는지, 즉 우리가 무엇이 될 수 있을지에 대한 꿈을 가지고 인류가 무엇을 했는지가 두 번째이자 보조 이야기의 주제가 될 것이다. 나는 그 이야기에서 도대체 예수 이후 1980년 동안 (예수의 교회는) 왜 그토록 전반적으로 후퇴했는가를 설명할 것이다. 나는 그 이야기에서 기독교의 역사를 똑같은 순환 운동을 반복한 것으로 해석할 것인데, 가톨릭이 (교리와 전례를 잘 다듬는) 정교화 작업으로 나아갔다가, 우리 시대의 직접성으로 다시 돌아오는 방식으로 순환한 때문이다. 일단 지금은 지금까지의 여정을 돌아볼 필요가 있다. 우리는 인간 이전의 시기에 동물 생활의 요동치고 혼란스럽고 거의 접근할 수 없는 어둠으로부터 인간의 의식(consciousness)과 인간의 세상이 어떻게 처음 일어날 수 있었는지를 질문하면서 시작했다. 그리고 그 답은 보편 용어(다른 말로 말, 토템, 종류 등)가 자신에 대해 아는 것이 없는 주체와 여전히 혼돈 상태인 세상 사이의 접점으로 이동했다는 것이다. 말(Word)이—더 나은 표현으로는 동작의 언어들(words in motion)이—개체들을 분류하기 시작했고 그 결과 세상은 이해 가능해졌고 삶을 살기에 알맞게 되었다. 바로 이처럼 살아있는 말(living Word)이자 움직이는 기호인 보편 용어와 함께 종교가 시작되었고, 종교에 의해 초기 수렵-채집인의 세상에 질서가 부여되었다.

바로 그 시작 시점에서 우리가 경험의 주체라고 생각해 보자. 언어는 인식의 투명한 화면을 가로질러 움직이고, 세상을 형성하고, 세상에 질서를 부여하고, 세상에 불을 밝힌다. 그 과정 중에, 그리고 내가 종종 지구 반사광과 비교하는 효과에 의해, 질서를 부여하고 빛을 비추는 인식의 화면상의 '로고스(*logos*)', 즉 말은 뒤쪽의 **우리**에게도 일부 빛을 비추고, 그 결과 우리는 우리 자신(selfhood)에 대한 약간의 원초적인 생각을 갖기 시작한다. 하지만 화면 위에서 움직이는 어휘는 세상을 형성하고 세상에 질서를 부여하는 데에 효과적이라고 판명된 어휘들뿐이다. 이 지점에서 세 가지 중요한 결론이 도출된다.

1. 외부 세상이 **먼저** 만들어지고, 자아가 두 번째로 온다.
2. 우리가 자아를 기술하는 데 사용하는 어휘는 차용한 은유적 어휘뿐이다.
3. 자아의 통일성은 세상의 통일성 이상일 수 없다.

오늘날 현대 서구과학의 엄청난 성장 덕분에 우리는 우리 자신을 위해 매우 크고 고도로 차별화된 세상을 구축할 수 있었다. 우리 자신에 대한 우리의 그림은 아직까지 덜 발달되고 덜 통합된 채로 남아있다. 하지만 세 번째 용어, 즉 세계에 질서를 부여하고 활성화하는 말(로고스, 언어)의 힘은 어떠한가? 지금까지 나는 말의 역사가 사실상 종교의 역사와 매우 오랜 기간 일치한다고 주장했다. 초자연적 세상 전체가 사실상 문화, 즉 움직이는 언어와 일치한다. 종교는 우리 세상을 창조하고, 우리를 창조하고, 우리의 삶을 인도하는 언어 능력을 나타내고 확증하는 방식이었다. 종교는 우리에게 모든 규범적 생각을 주었고, 이상과 가치관을 주었고, 이를 통해 우리는 우리의 삶을 적응시키고 또한 우리 자신이 되었다.

대서사의 2막(위 4장을 보라)에서, 우리는 청동기 시대 종교가 초기의 종교에 기초한 문명들 안에서 완전히 발전한 과정을 간단히 살펴보았다. 종교는 철저히 대상화되었고, 우주와 그 우주 안의 국가 둘 다 신성한 힘과 권위의 거대한 계급구조가 되었다. 그 전체 체제는 매우 웅대하고 매혹적이었고, 오늘날까지도 우리는 어느 정도 그 체제를 좋

8장. 율법의 종말 *97*

아한다. 하지만 이 체제가 창조한 사회는 모두 노예사회였고, 이런 사회들은 마침내 참을 수 없는 사회가 되었다.

3막(위 7장)에서 우리는 개인, 즉 현자, 철학자, 예언자의 등장을 이야기함으로써 종교의 소외에 맞선 오랜 갈등 이야기를 시작했다. 이들 자유로운 개인들은 덜 지역적이고 권력의 지배를 덜 받는, 그리고 좀 더 합리적인 우주론과 윤리를 추구했다. 특히 예언자들은 철기시대의 종교 문제가 해결되는 것은 하느님이 하늘의 보좌를 떠나고, 중보 종교 체제 전체를 버리고, 인간 개개인의 마음속에 거주하게 되는 것이라고 생각했다. 그렇게 되면, 사람들은 자발적으로 신적인 삶을 살 수 있을 것이다. 이 모든 것이 사람들의 마음에 의해 우러날 것이다.

4막인 이 장에서 우리는 갈릴리 예수의 윤리적 가르침이 예언자들의 그런 소망을 급진적 방식으로 성취했다고 선언하는 것으로 기술했다. 예수의 윤리적 가르침에는 여러 요소가 있는데, 그 중 내가 특히 주목하는 것은 "태양 같은(solar)," 찬란한 빛의 이미지를 특징으로 하는 윤리표현주의(expressivist)다. 타오르라! 비추라! 멋진 무대를 만들라! 예수 전승에서 제거하기 힘든 다른 요소들도 물론 있다. 예수는 종종 "숨겨진 내향성(hidden inwardness)" 또는 "내면화(interiorization)"의 영성을 칭찬하는 것으로 보인다. 하지만 이는 예수의 태양 같은 윤리표현주의(solar expressivism)와 너무나 모순되기 때문에 나는 이를 무시할 수밖에 없다. 자아는 일시적이다. 자아는 타오르고, 소진된다. 모든 것은 쏟아 부어지고 사라진다. 우리는 이와 같은 길을 걷는 것에 만족해야 한다. 즉 우리에게 삶이 있을 때 그 삶을 사랑하면서 말이다. 다른 비평가들은, 하느님이 역사 속으로 조기에 강권적으로 돌입하는 것을 예언하는 것으로 보이는 예수의 여러 어록(심지어 Q의 초기층에 있는)을 언급한다. 나는 다른 곳에서 그런 어록들을 비신화하려고 시도했었다. 혹시 그 시도가 실패로 돌아간다 해도 그 어록들은 (어느 정도) 문자적으로 받아들일 경우 품질이 너무 낮고 지적 관심도 없기 때문에 내가 그것들을 무시하는 것이 정당화된다. 마치 물리학자들이 아이작 뉴턴(Issac Newton) 경의 종말론에 대한 집착에 관심이 없어서 무시하는 것이 정당화되는 것과 마찬가지다.

그래서 나는 종교 영역 전체가 인간 개개인 안으로 온전히 회귀하고, 이를 통해 새로운 신적 인간성(a new divine humanity)이 시작된다는 주제에 계속 머물고자 한다. 이러한 새로운 인간성에 대해 예수는 "첫 태생(the firstborn)"인데, 여럿 중의 첫째일 뿐이다. 여기에는 형이상학적 질서가 없기 때문에, 예수에게도 형이상학적 지위는 없다.

이 맥락에서 우리의 철학적 비실재론(non-realism)을 기억하자. 바깥 어딘가에 우리의 언어로부터 완전히 독립되어 미리 만들어진 실재 세상은 존재하지 않는다. 그저 우리 언어의 끊임없는 움직임 안에서 세계관, 인간 본성에 대한 이해 등이 역사를 통해 연속될 뿐이다. 실제로 세상의 역사는 사상의 역사와 일치한다. 이런 견해는 처음에 헤겔(Hegel)에 의해 어렴풋이 제시되긴 했지만, 이제는 완전히 언어의 형식으로 기술되어야 한다. 이런 틀 안에서 나는 나의 중심 논제, 즉 우리가 어둠과 혼돈의 배경으로부터 매우 느리게 빠져나와 우리 자신이 된 것이 종교적 사고의 역사를 통해서였고 지금도 진행되고 있다는 나의 중심 논제를 제시해 왔다. 그러므로 어떤 면에서는 우리가 하느님을 만든 것이고, 그런 다음 하느님은 우리 안으로 죽음으로써 자신의 일을 완수하면서 우리를 만든 것이다. 종교적 사고는 수고를 많이 했던 작업이었다. 하지만 어떤 방식으로든 긴 여정으로 우리를 데리고 왔다. 우리는 우둔한 유인원 무리일 뿐이었는데, 어쩌다 이상한 꿈을 꾸게 되었고 그 꿈이 동물 생활의 상대적 어둠으로부터 우리를 꺼내 주었고, 마침내 우리 현대인들은 우리의 세상과 그 안에 있는 우리 자신의 삶에 대해 온 맘으로 아멘을 외칠 수 있게 되었다.

9장

두 번째 회전

칸트(Kant)는 인생에 세 가지 큰 질문이 있다고 말한다: 나는 무엇을 알 수 있는가?, 나는 무엇을 해야 하는가?, 나는 무엇을 소망할 수 있는가?[1] 우리는 예수가 인간으로서 어떠했는지 알지 못하고, 또한 자신의 가르침을 얼마나 삶으로 구현했는지 말할 수 없지만, 갈릴리에서 잠깐 동안은 예수가 그 정점을 찍었고 칸트의 세 가지 질문 모두를 사라지게 만드는 지점까지 이르렀던 것으로 보인다. 초자연적 세상과 인간의 생활세상이 한데 모였고, 현재와 미래가 한데 모였고, 타오르고 흘러넘치는 윤리적 현재(Now) 안으로 모든 것이 융합되었다. 인간의 생활세상에 대한 우리 인간의 관점 말고는 아무것도 없다. 지금으로서는 모든 것이 우리의 것이고, 우리의 가치 판단에 도전할 권리나 힘과 관련된 것은 아무것도 없다. "죽음과 공허 빼고는 아무것도 없다고?"라고 되물을 수도 있다. 아니다. 그것도 포함해서 아무것도 없다. 우리는 삶의 덧없음을 은혜로, 통렬한 아름다움을 영광으로 경험할 필요가 있다. 우리는 가능한 한 너그럽게 살아야 하고, 원망(ressentiment)

---

[1] *Critique of Pure Reason*, A808=B836.

이나 나쁜 감정 없이 살아야 한다. 그리고 예수가 종교를 내향성(introversion)과 연결시키지 **않는다**는 점에 주목해야 한다. 자신의 내향성으로 후퇴하게 되면 자신의 영혼의 불멸성에 관심을 두게 되기 때문이다. 하지만 그건 아니다. 예수에게 종교는 **외향적인**(extravertive) 것이다. 자신을 잊고 삶과 이웃을 위한 타오르는 사랑을 표현하는 것이다.

우리가 예수의 핵심 가르침을 이해하게 되면, 예수에게는 어떻게 모든 것이 일상생활과 일상 언어의 흐름 속에서 그 기원으로 다시 돌아오게 되는지, 또한 (비트겐쉬타인이 잘 설명한 것처럼) 그 큰 질문들이 간단히 사라지게 되는지 이해하게 된다.2) (예수의 핵심 가르침을 이해하면) 우리는 어떤 유형이든 (자신에 대한) 우주의 관심이나 인정이나 보상이나 미래 등을 요구하는 것을 그치게 된다. 이 모든 것들은 현재 우리에게 충분하다. 우리는 보충이나 수정을 요구하지 않고, 현재의 삶과 사랑을 그저 긍정하는 데에 만족하게 된다. 우리는 절대로 다른 누군가가 몰락하는 것을 보기를 원하지 않게 된다. 또한 우리는 죽음 이후의 삶에 대해 **생각조차** 하지 않게 된다.

당대의 언어로 표현하자면, 하느님 나라가 왔고, 그 나라를 선택하는 자 모두를 위한 것이니, 그 안으로 걸어 들어가라!

내가 설명한 예수 종교(Jesus' religion)의 흥미롭지만 거의 언급되지 않은 특징 중 하나는 불합리하지 않다는 것이다. 교회 종교(church-religion)의 매우 두드러진 특징 중 하나인 "신조(creeds)"는 믿을 만한 증거가 없는 경우에도, 더 나아가 명백히 참이 아닌 경우에도 신자들에게 믿음(beliefs)을 요구한다는 점이다. 하지만 예수 종교는 그저 윤리

---

2) 예: 〈논리 철학 논고〉(*Tractatus*), 6.5-6.521; 〈철학적 탐구〉(*Philosophical Investigations*) §§ 123-29.

적인 결단으로 부르는 것이다. 예수 종교는 우리가 삶과 동료 인간을 향한 타오르는 사랑에 온 맘으로 우리 자신을 헌신할 것을 요구한다. 그리고 근심이나 박해 같은 것들은 무시하라고 말한다. 하지만 그 종교는 "인지하는 것이 아니다(non-cognitive)." 예수 종교는 실제로는 초자연적인 믿음을 요구하지 않는다. 예수 종교는 우리가 지금 삶에서 권위에 복종하는 대가로 죽음 이후 다른 세상의 삶을 약속하지 않는다. 참된 종교에, 또는 적어도 명백하게 거짓이 아닌 종교에, 관심을 기울일 만한 인간이 분명 조금은 있을 것이다.

그러면 무엇이 잘못된 것인가? 니체(Nietzsche)는 기독교인이 단 한 명 있었고 그는 십자가 위에서 죽었다고 말한다. 내 생각에 이 말은 예수의 끔찍하고 비참한 죽음이 (예수 이후 대다수 기독교인들에게) 용기를 상실하도록 만들었다는 뜻이다. 윤리적인 비전의 충만함도 곧 잊혀졌다. 그 대신에 살아남은 소수의 무리들은 (예수를 통해) 일어난 일의 종교적 의미를 이해하기 위한 노력에 관심을 집중했다. 그들을 인도할 것으로는 히브리 성경(구약성경)과 그들의 문화를 통해 공급된 다른 관련 재료들이 있었고 주님의 말씀에 대한 자기들의 전승과 빠르게 사라지고 있기는 했지만 주님에 대한 기억도 있었다. 그들의 논쟁 중 일부가 복음서에 보존된 복잡한 여러 층의 수난 이야기(Passion Narrative)에 남아 있다. 이들 이야기는 역사적인 것이 아니다. 이들 이야기는 그들 생각에 일어나야만 했던 것에 관한 초기 논쟁의 기록이다. 실제로 일어난 것이 아니라 일어나야만 했던 것이다.

40년대쯤 되자 그들은 서서히 예수가 단지 완전히 사라진 것이 아니라고 믿게 되었다. 그렇다. 예수는 하늘로 높임을 받았고 메시야 지명자(Messiah-designate)로서 대기 중이다. 조금만 있으면 영광 가운데

돌아와 땅 위에 자신의 나라를 영원히 세울 것이다. 이런 기대가 수십 년 동안 강력하게 유지되었다.

한편 그 공동체(예수를 메시아로 믿는 공동체)는 예수의 재림을 기다리며 준비된 상태로 깨어서 명맥을 이어가야 했다. 그 공동체는 지도자가 필요했고, 실제로 초기의 모든 교리 논쟁에서 주요 현안은 리더십이었다. 아마도 야고보, 베드로, 그리고 (나중에는) 새로 들어온 바울 사이의 경쟁이었을 것이다.

새로운 지도자들(모두 남자였다. 막달라 마리아는 첫 번째 증인으로 널리 인정받았지만 후보로도 거론되지 않았다)은 자신들의 권위를 신원된(vindicated) 예수로부터 가져왔다. 그들은 주님으로부터 부활의 증인이 되라는 위임을 받았다고 주장했다. 그리고 얼마 뒤에는 참된 믿음의 교사로서의 특별한 권위가 그 직무를 계승하는 자들에게 전달된다고 주장했다.

그래서 50년경에는 교회가 이미 "유일한 길(the Way)"이라는 다민족 집단이자 새로운 신조의 종교로서, 또는 최종 명칭인 "기독교"로서 등장하기 시작했다.3) 과거 청동기시대의 우주론, 즉 위로 하늘의 세상이 있고 명령의 긴 사슬이 인간의 머리로부터 가장 높은 하늘까지 올라가는 우주론이 되돌아오고 있었다. 관심의 초점이 삶으로 살아내는 것에서부터 깨어 기다리는 것으로, 예수의 가르침에서부터 예수의 인격(person)으로, 특히 우주적 계급구조 속에서 예수의 높여진 지위로

---

3) "기독교"라는 용어는 중세 후기에 "경건" 또는 특별한 영성을 뜻하는 말로 사용되었을 것이다. 이 용어가 특정 "종교"를 지칭하는 데 사용된 것은 주요 신앙 전통들이 "종파"로 불리기 시작한 계몽사상과 관련되어 있다. 윌프레드 캔트웰 스미스(Wilfred Cantwell Smith)의 *The Meaning and End of Religion* 〈종교의 의미와 목적〉, 73쪽-79쪽을 보라.

이미 옮겨졌다. 무엇보다 사도들이 이미 교회의 지배권을 완전히 장악하고 있었다. 사도들이, 그리고 사도들만이 참된 교리를 결정했다. "기독교"는 성직자들 사이의 권력투쟁의 산물이며, 권력투쟁은 여전히 기독교의 주요 관심사다. 예수는 시대를 한참 앞서서 청중들이 새로운 세상에서 새로운 유형의 신적/인간적 삶을 선택하기를 바랐다. 하지만 사망 후 20년도 되지 않아서 예수는 과거 청동기시대 유형의 종교, 즉 우리 대부분이 지금까지도 머물고 있는 영적 권세의 종교(a religion of spiritual power)를 다시 소개하기 위한 발판이 되고 말았다. 예수는 우리가 선택하기만 하면 지금 여기에서 정점인 최종 성취를 약속했다. 하지만 새로운 종교인 "초기 가톨릭(Ur-Catholicism)"은 영원한 행복을 먼 미래로 연기했다. 그리고 이는 대부분에게 죽음 이후의 상상 속 하늘 세상일 뿐인 것으로 판명되곤 했다. 한편 우리는 머리를 조아린 채, 열심히 일하며, 믿으라고 들려주는 이야기를 그대로 믿으며, 어길 경우 받게 될 무거운 처벌 때문에 교회법을 지키며 노예처럼 살아야 한다.

기독교라는 전체 체제가 완전히 발달하기까지는 350년이 걸렸다. 처음 몇 세대 동안은 전체 숫자가 놀라울 정도로 적었다. 2세기 들어 (아직은 분명히 보편적이지 않은) 지역적인 **신약 정경** 판본들(versions)에 대해, 지역적인 **세례 교리**에 대해, 지역적인 **예배의식** 등에 대해 듣게 되기 시작한다. 3세기 초가 되면 지역적인 **훈련 규범** 등에 대해 더 많이 듣게 된다. 하지만 교회법 형태를 발전시키고, 승인하고, 강제하려는 노력은 4세기 들어서 본격적으로 시작된다. 세례를 받게 되면 그 성례를 통해 교회의 법적 권위 아래에서 평생을 살게 되는데 이단이라는 이유로 화형을 시킬 수도 있는 무시무시한 시기가 400년부터 1700년까지 지속되었다.

원래 예수의 가르침이라고 내가 주장하는 것과 예수에 의해 설립되고 위임받았다고 주장하는 종교 체제 사이에는 커다란 간극이 있다. 예수는 인생의 최종 목표인 최고선(最高善, the Summum Bonum)은 바로 지금 철저히 태양처럼 사는 것(solar living)이며 태양처럼 사랑하는 것(solar loving)이라고 가르쳤다. 그러나 우리가 얻은 것은 하늘에서도 땅에서도 절대 군주제와 그에 따른 절대 노예제였다. 명령의 사슬이 인간의 머리 위로부터 모든 것의 원동자(Prime Mover)이자 제1 원인(First Cause)에게까지 올라가는 지주(landowner)의 종교이자 온 우주를 군대와 같은 조직으로 보는 법과 권력의 이데올로기였다.

이렇게 분명히 대조되는 것을 왜 사람들은 좀 더 명확하게 파악하지 못할까? 내 생각에는 애당초 기독교가 순수했던 시기란 없었기 때문이다. 순수성과는 반대로, 초기 가톨릭으로 발전한 것은 예수의 죽음 바로 뒤에 이어진 소위 "터널 시기"부터 시작했다. 가톨릭의 초자연주의적 세계관과 역사철학은 "그리스도"라는 호칭을 처음 사용할 때부터, 그리고 예수가 하늘로 들림 받았다는 믿음이 서서히 등장할 때부터 이미 전제되어 있었다. 그리고 성직 권력과 공식적인 인정에 대한 가톨릭의 관심은 야고보, 베드로, 바울 사이의 리더십 경쟁 때부터 이미 존재하고 있었다. 빈 무덤에 누가 제일 먼저 들어갔는가? 주께서 누구를 개인적으로 임명했는가? 누가 교회에서 최고로 인정받는 교사이자 지도자인가? 신약의 다수 의견이 베드로, 베드로, 베드로라는 점은 그다지 놀랍지 않다.

더 중요한 것은 예수의 본래 견해와 신생 교회가 재구성한 예수 사이의 충돌이 이미 우리가 갖고 있는 본문 안에 깊숙이 심겨 있었기 때문에 모든 세대에 걸쳐 사람들이 예수의 본래 목소리를 듣기가 너무 어려웠다는 사실이다.

예를 들어, 오랜 기간 동안 대부분의 신약성서 독자들이 예수의 본래 가르침에 속하는 주요 원천으로 여겨왔던 "산상 설교"의 핵심인, 마태복음 5:11-6:34 안에 서로 다른 두 가지 견해가 어떻게 함께 섞어 짜여 있는지 살펴보자.

첫째로, 종교적 율법을 엄격하게 해석하는 것, 그리고 죽음 이후 하늘의 상을 바라며 선행을 몰래 베풀고 겉으로 드러내지 않는 경건성 등의 가치를 당연하게 여기는, 종교적으로 보수적인 견해를 주장하는 본문을 형광펜으로 표시해 보자. 이렇게 은밀하고 억압된 종교가 5:17-33, 6:1-20, 24에서 발견된다.

다음으로 다른 색 형광펜으로는 산상 설교에서 열린 태도로 마음을 다해 표현하고 걱정이나 심사숙고로부터 자유로운, 거의 실존주의 같은 매우 다른 윤리를 주장하는 본문을 표시해 보자. 이렇게 선한 수행을 이야기하는 매우 외향적인 종교가 5:13-16, 38-48, 6:25-34에 있다.

그 차이는 놀랍다. 두 가지 가르침 사이에서 우리는 완전히 다른, 완전 **정반대**인 종교성을 발견하게 된다. 우리가 지금까지 보유한 주요 자료에 대해 좀 더 정교한 **신학적**, **철학적** 비평이 필요하다고는 생각하지 않는다. 거의 두 세기 동안 진행된 성서비평의 주된 형식은 순전히 역사적이었고, 자료 비평적이었고, 문헌 비평적이었다. 그런데 솔직히 이러한 비평은 본문에서 가장 중요한 것을 완전히 놓쳤기 때문에 대중에게 종교적 영향력을 전혀 끼치지 못했다.

이제 우리는 우리의 중심 대서사가 왜 예수가 갈릴리에서 설교하는 대목에서 끝나야만 했는지를 보게 된다. 그것이 꼭대기였다. 최고 정점이었다. 예수가 설교한 그대로 살아봐라. 그런 삶은 우리에게 주어진 것이다. 그 다음에는 여러 의미에서 더 말할 것이 남아 있지 않다. 파르메니데스(Parmenides)부터 헤겔(Hegel)까지, 즉 기원전 500년부터 기원후 1800년까지 지속되었던 절대 지식에 대한 꿈을 우리는 잊어야 한다. 교회 중심 기독교(Church Christianity. 역자주: 성경 중심 기독교[Biblical Christianity]와 대조되는 말로서 대부분의 프로테스탄트가 성경 중심 기독교라면 가톨릭과 정교회 등은 교회 예전을 중요시한 교회 중심 기독교로 분류된다)에서도 스랍(seraphs)이 그룹(cherubim)보다 높기 때문에 사랑이 지식보다 높다는 인식을 갖고 있다. 심지어 교회 중심 기독교가 일부 옳을 때도 있다. 그런데 (예수가 가르친 최고 정점에서) 초기 가톨릭으로 급격하게 전락하게 된 것의 의미는 무엇인가? 이제 우리는 두 번째 큰 원을 시작하는 것처럼 보인다. 대서사의 1막~4막이었던 첫 번째 큰 원은 인류가 시작되던 때의 초기 직접성(primitive immediacy)에서부터 우리를 끌어내려 청동기시대 종교의 종교적 계급화와 대상화의 최고 단계로 데려간 후, (현자, 철학자 또는 예언자 등) 비판적인 개인을 거쳐서, 예수의 비전, 즉 우리가 다시 얻은 직접성(regained immediacy) 안에서 우리 자신을 어떻게 생명과 관계 맺어야 할지에 관한 예수의 비전으로 다시 끌어올렸다. 이제 우리는 다시 출발해서 청동기시대로 되돌아가, 하늘과 땅 모두에 존재하는 신성한 권세의 위대한 피라미드로, 지적인 노예 상태이자 매우 낡은 구원으로 되돌아갔다. 그 정점은 교황에게 하느님만큼의 지배권을 안겨준 "하나인 교회" 교서(the Bull Unam Sanctam, 1300)였다. 그런 뒤 우리는 상인 계층과 기타 교육 받은 도시민들 사이에서 첫 번째 저항의 싹과 교회의 오랜 쇠락의 시작에 관해 듣게 되었다. 개인주의, 비판적 사고,

해방에 대한 갈망 등이 모두 되돌아오게 되었다.

여기서 그 이중 원(double circle)이 커다란 흥미를 끈다. 이는 서양 사회에 계몽주의가 왜 두 차례 필요했는지를 설명해준다. 게다가 많은 사상가들은 서양 사상의 역사가 큰 원 안에서 움직인다는 생각에 매료되어 왔다. 즉 최고 단계의 대상화로 나아간 뒤, 돌고 돌아 마침내 자신의 출발점보다 좀 더 향상되고 강화된 형태로 되돌아오는 것이다. 마치 체스터턴(G. K. Chesterton)의 작품에 나오는 사람이 항해를 떠나고, 마법의 나라에 도착하고, 공주와 사랑에 빠졌다가, 결국 자기 부인에게 돌아온 것을 발견하게 되는 것과 비슷하다.

예를 들어, 비트겐슈타인(Wittgenstein)은 소크라테스가 시장에서 똑똑하다고 자부하는 젊은이들에게 질문할 때 무지를 가장했던 사례를 들며 철학이 평범함에서 시작되었다고 되새긴다. 그러다 합리주의 형이상학에서 철학은 서서히 최고 단계의 대상화로 나아가고, 절대 지식을 약속하는 것으로 보인다. 그런 뒤 마침내 20세기 들어 철학은 일반 언어와 일상생활로 되돌아온다. 그리고 돌아온 것에 만족한다.

니체는 또 다른 돌고 도는 신화를 가지고 있다. 즉 수천 년에 걸쳐 초기 인간들은 서서히 자기들이 자기 자신과 자기들의 환경에 대해 이해할 수 있다는 확신을 갖게 되었다. 마침내 기원전 두 번째 천년기(기원전 1999-1000)에 이르러 아브라함과 오뒤세우스 같은 인물들은 자기들의 지혜로 살아갈 수 있다고 자신하게 되었다. 실제로 이들은 자기의 신들을 쉽게 속일 정도로 자신감이 넘쳤다. 이들은 확실히 자유롭고, 온전히 성숙한, 비판적으로 인식하는 현대인이 될 준비가 되어 있었던 것일까?

애석하게도 그런 일은 일어나지 않았고, 인간은 노예 상태로 전락하게 되었다. 국가, 군대, 교회와 같이 규율을 앞세우는 거대 제도들이 권력을 쥐게 되었고 3,000년 이상 우리를 억압함으로써 우리로 하여금 그 긴 세월을 낭비하게 만들었다. 비판적 사고가 하느님의 죽음(the Death of God)을 말하기 시작한 지금에 와서야 비로소 우리는 아브라함과 오뒤세우스가 다다랐던 지점에 돌아왔고, 앞으로 나아갈 준비가 되었다.4)

종교들의 역사와 철학의 뒷길에는 이러한 이야기가 무수히 많다. 이 글에 나오는 이야기에서 특이한 부분은 그 바퀴가 두 번 돌아갔다는 점이고, 주요 사건인 타락 사건이 중간쯤 일어났다는 점이다. 주요 대서사에서 우리는 다음과 같이 매우 간단히 요약된 이야기를 4막, 또는 네 무대에 걸쳐 듣게 된다.

1: 초기 직접성, 사냥, 토테미즘, 샤머니즘.
2: 농업혁명: 초기 국가 사회의 종교. 신성한 군주제, 법에 따라 다스려지는 우주.
3: 자유로운 개인 도덕가, 철학자, 예언자의 등장.
4: 갈릴리의 예수. 최고선(最高善, Summum Bonum)에 지금 여기서 도달 가능함. 지식에 의해서가 아니라 자유롭게 윤리적으로 그것을 선택함으로써 가능함.

이렇게 이야기는 끝났다. 어쩌면 이렇게 끝나야 했다. 누군가는 그렇게 생각할 수도 있다. 하지만 기독교 시대 속에서 그 바퀴는 다음과

---

4) 피카소(Picasso)가 이러한 니체의 생각을 잘 보여주는 사례다. 피카소는 분명 전통적인 지중해 연안의 인간, 심지어 호메로스 시대의 인간이자 동시에 확실한 현대인이다. 그는 그 둘 사이의 여러 세기를 뛰어넘는 것으로 보인다.

같이 다시 굴러갔다.

　두 번째 회전

1: 예수가 물려준 유산. 타락, 즉 세상을 둘로 나누는 이원론과 종교적 율법에 의한 삶의 지배로 다시 되돌아간 타락.
2: 기독교세계(Christendom). 로마의 콘스탄티누스 황제부터 러시아의 로마노프 황제까지의 기독교 제국.
3: 비판적 사고와 현대 인본주의의 등장. 그리고 칸트 이후 자유 민주 사회, 과학적 방법, 박애주의적 윤리에서의 승리.
4: 완전한 비신화화와 교회 기독교(ecclesiastical Christianity)의 빠른 쇠퇴. 그리고 지금 일어나기 시작한 예수의 재발견.

　내가 이 두 번째 회전 전체를 **굵은 글씨체**로 쓴 것은 이 두 번째 회전이 첫 번째 회전의 그림자나 메아리 이상이라는 주장을 할 수 없도록 하기 위함이다. 두 번째 회전은 대서사의 사건을 되풀이하는데, 첫 번째 회전의 사건이 너무 커서 한 번에 다 소화할 수 없기 때문이다. 그래서 주기 전체가 기독교의 역사 안에서 반복된다. 니체에 따르면, 이렇게 되어야 하는 이유에 대해 보통 사람이라면 예수가 너무 젊었고 너무 열렬하게 이상적이어서, 그리고 너무 시대를 앞서가서 그런 것이라고 말할 것이다. 예수의 폭력적이고 갑작스런 죽음에 예수를 따르던 적은 무리들은 혼란스러웠고 지도자 부재 상태가 되었다. 그런데 어느 종교 집단에서든 지도력 공백은 언제나 권력에 굶주린 중년 남자들에게 거부할 수 없는 매력으로 작용한다. 이들은 권력을 성공적으로 거머쥐었다. 그리고 지금까지 그 권력을 쥐고 있다. 하지만 그 과정에서 이들은 유아 상태의 믿음을 과거의 청동기시대 유형의 종교로 되돌려놓았다. 이들은 자기들의 새로운 신앙을 그리스에 합리적이고 시장성 있는 것으로 보이기 위해 철학을 통해 지적으로 보강함으로써 유일신적인 면을 유지하였다. 4세기에 로마의 공인을 얻으면서 교회의 종교는 효과적이고 내구성 있는 정치 이데올로기가 되었는데, 오스트리아, 독일, 러시아 등에서는 제1차 세계대전 당시까지 거의 그대로 유지되었다. 이스탄불에서도 이슬람의 형태로 같은 시기까지 살아남았고, 지금도 수많은 젊은 무슬림들이 칼리파가 복원되기를 갈망하고 있다. 흥미롭게도 이들은 종교법의 지배 아래 살기를 바라고, 낙원이 아닌 한 종교적 율법이 종식되는 시대를 상상하지 않는 것 같다.

이슬람은 여전히 가장 순수한 일신론 형태인 것으로 보인다. 기독교는 조금 다르다. 즉 기독교는 우리가 다른 세상을 선택할 수 있다고 말한다. 그 세상은 허무주의적 인본주의(nihilistic humanism) 한 형태이다.(또는 그 형태가 되어가고 있다.)

10장

두 번째 회전의 완성

보수 기독교인들은 서구 기독교가 가장 위대하고 강력했던 시절을 이상화하곤 한다. 이들은 교회가 클수록 기독교가 잘 하는 것이라 생각한다. 하지만 이들은 틀렸다. 대상화되고 정교화된 종교는 언제나 고도로 규율적이기 때문이다. 농업문명은 언제나 법과 질서에 관심이 많다. 일꾼은 시간, 공간, 자신의 노동 등 모든 것이 자세하게 규정된 구조를 받아들여야 한다. 우주는 농업문명을 통해 승인된 국가의 확장판으로 여겨진다. 국가와 우주 모두 군주제이다. 많은 경우 태양신이 우주를 다스리고, 파라오 또는 잉카는 땅 위의 대리인이다. 하느님은 하늘의 큰 아버지(Great Father)이고, 러시아의 황제 짜르(Tsar)는 땅 위의 "작은 아버지(Little Father)"이다. 하느님과 '칼리파'(아랍어로 그의 대리인), 상(Shang, 上帝, 또는 天)과 중국 황제, 우주적 그리스도와 로마의 기독교인 황제⋯ 이러한 체계는 워낙 강력해서 거의 모든 종교 체제를 흡수하여 그 체제의 목적을 수행하도록 만들 수 있다. 각각의 군주제는 각각의 거룩한 도시에서 절대적 존재와 직통으로 연결되어 있다고 주장한다. 사회 질서는 언제나 자연 질서를 인식한 대로 따라가

113

게 된다.

그 체제는 언제나 넓은 의미에서 반지성적이다. 그 체제는 '소보르노스티'(sobornost, 역자주: 공동생활자들의 영적 공동체. 출처: 위키피디아)를 원하고, 동의와 일치를 원하고, 자유로운 사상을 원하지 않는다. 자유로운 사상에 대해 그 체제가 사용하는 단어가 "이단"과 같은 용어다. 그래서 라틴 유럽에서 기독교 세계(Christendom)가 형성되고 약 천 년이 지나자 고대 철학과 계몽사상의 위대한 전통이 사라졌고, 일반인들은 서서히 문맹상태로 가라앉았다. 잠시 동안이지만 왕들조차도 문맹이었다.

중세시대가 낳은 화려한 예술 때문에 흔히 그 시대의 위대한 세계 종교들을 진지하게 여겨야 하고, 또한 이들 종교들의 모든 것에 대해 배워야 한다고 생각하기도 한다. 어떤 사람들은 심지어 그 예술의 화려함 때문에 라틴 기독교 신학이 참(true)이라고 생각할 수 있다고 주장하기도 한다. 하지만 그렇지 않다. 과거 교회의 건축, 미술, 음악 등이 화려했던 것은 사람들이 종교를 창조적으로 표현할 수 있는 진정한 자유를 누린 유일한 분야가 예술이었기 때문일 가능성이 높다.

그 극단적인 예로 러시아를 들 수 있는데, 러시아는 키예프의 블라디미르 황제가 988년 비잔틴으로부터 정교회를 받아들였다. 황제는 사실상 이미 만들어져 변경 불가능한 복잡한 종교체제를 구입한 것이다. 러시아 사람들은 자신들이 기여할 수 있는 공간이 오직 건축, 음악, 이콘화(icon-painting), 그리고 (어느 정도의) 개인 경건 영역뿐이라는 것을 알게 되었고, 그렇게 했다. 하지만 **지적으로** 교회는 숨이 막혔고 여전히 그렇다. 19세기 중에 유럽의 계몽주의와 독일의 낭만주의와 이상주의가 도착하자 드디어 러시아 사람들이 깨어나기 시작했고,

또한 수많은 평신도 종교사상이 발전했다. 하지만 성직자들은 엄격한 보수주의로 남았고 "모스크바 총대주교 저널(Journal of the Moscow Patriarchate)"은 지금까지도 역사신학만 게재하고 있다. 이 저널은 787년에 교회의 논의가 완료된 표준 정통 견해를 취하기 때문에, 창의적인 신학은 그때부터 멈춘 것이며, 더 이상 필요하지 않게 된다. 러시아 정통 예술의 경우에는 매우 초기부터 다소 슬프고, 그리움을 느끼고, 향수를 불러일으키고, 매장된 분위기를 지녔다. 그리고 18세기부터 서서히 감상적이고 천박한 것으로 전락하기 시작했다. 러시아 정통 예술은 이제는 "유적"이 되었고, 그 말은 이미 죽었다는 뜻이다.

이런 사례를 소화해낸 우리들은 서방의 이야기도 그리 다르지 않다는 것을 알 수 있다. 실제로 오늘날 서방의 교회 중심 기독교도 빠르게 동방의 길을 걷고 있다. 즉 한때 보유했던 지적인 내용을 잃어버리면서 화석화되고, 감상적이고 천박해지고 있다. 쉬트라우스(D. F. Strauss)와 루돌프 불트만(Rudolf Bultmann) 사이에, 이론 신학계에서는 비판적이고자 하는 미지근한 시도가 있었지만 교회들이 모든 것을 너무나 명확하게 만드는 바람에 학자들은 스스로를 비판적 사고방식과 화해시키는 데 성공하지 못했고, 그 결과 오늘날 신학은 대부분 역사신학일 뿐이며 아무런 변화도 만들지 못한다. 프로테스탄트 종교개혁 시기에 신학은 약 150년간 수십 가지 흥미롭고도 활기찬 새로운 교파와 운동을 배경으로 대중 전반의 시급한 관심사를 다루는 학문이었고 대중에게 중요한 주제였다. 하지만 오늘날 개신교는 과거의 지적 다양성과 생기를 완전히 잃었고, 대신에 남은 교파들은 모두 획일적이고 단조로운 보수적 복음주의에 장악되어 있다. 이런 전통에서는 가치 있는 종교적 글이 나올 수가 없다.

현재 기독교 안에는 딱 두 가지 전통, 즉 로마 가톨릭과 복음주의 개신교에만 힘이 남아 있다. 하지만 그 둘 모두 비판적인 생각이나 예술을 더 이상 감당하지 못하며, 둘 모두 지적으로 기진맥진한 상태다. 교회 중심 기독교는 기원후 첫 두 세기에 고대 청동기 도시 종교의 유적이 서 있던 바로 그곳에 서 있다. 즉 교회 건물이 여전히 서 있고, 사제들도 그럭저럭 기능하지만, 점점 웃음거리가 되어가고 있다. 그저 주요한 장례식이나 다른 국가 행사의 멋진 배경을 제공할 뿐이다. 신학 교수진의 경우 최소한 프란츠 오버벡(Franz Overbeck, 1837-1905) 이후부터는 믿지 않는 신학자가 서방 캠퍼스의 한 가지 특징이 되었다. 1960년대 "급진 신학(radical theology)"의 시대에 프란츠는 문제 있는 인물이었고, 실제로 고(故) 밴 하비(Van Harvey)처럼 매우 주저하는 불신자(reluctant unbeliever)였다. 그런데 이제는 탈교회(post-ecclesiastical) 신학자들이 흔하고, 때가 되면 그런 신학자들이 의심의 여지없이 규범이 될 것이다.

이 모든 것이 알려주는 것은 우리가 지금 우리 대서사의 두 번째 회전의 3막을 끝내고 있다는 것이다. 이 시기는 카리스마 있는 개인들, 즉 철학자들과 예언자들이 종교의 현주소를 비판하는 시기이다. 청동기시대이든 이후 중세시대이든, 종교는 가장 크고 가장 웅장하고 가장 대상화되어 있다. 종교는 국가를 우주와 연결시키고, 예배력(liturgical year)을 농사력(agricultural year)과 연결시킨다. 종교는 사회질서를 인가하고, 땀 흘려 일하는 노동자의 삶에 그림 같은 아름다움을 더한다. 종교 유적, 종교 음악, 종교 미술, 종교 전례, 전업 성직자 등은 모두가 매우 웅장하다. 하지만 재능 있는 개인의 관점에서 보면, 그 모든 것은 숨이 막혀 보인다. 그 모든 것들은 우주적 진실이어서 변경 불가능한 체하는 위대한 문화적 허구(cultural fiction)일 뿐이다. 신들과 왕을 각각의 왕좌에 계속 앉혀 둔다는 점에서는 훌륭한 일을 하는 것이다. 제사장들과 귀족들도 매우 잘 하는 것이다. 하지만 그 체제 전체는 전통을 너무 고집한다. 즉 언제나 새로운 지식과 사회 변화를 거부하고, 종교적 중보라는 장치를 생략하고 하늘로 가는 지름길을 찾기 위해 노력하는 신비주의자들(mystics)과 세상과 사회질서를 새롭게 만들 방법을 상상하는 사회적 공상가(social visionaries) 모두를 심하게 박해한다. 그래서 14세기 이후 유럽에서 예언자들과 신비주의자들, 그리고 최근에는 철학자들, 시인들, 그리고 다른 작가들이 반역자들로서 교회 중심 기독교를 서서히 과거로 몰아냈다. 비판적 사고, 과학 기반 산업, 그리고 빠른 사회 변화 등을 받아들이지 못한 교회는 더 이상 이해하지 못하는 세상 속에 고립되어 있다.

근대 유럽의 경우 프랑스 혁명과 낭만주의 시기를 즈음하여, 그리고 칸트, 헤겔, 청년 헤겔파(특히 쉬트라우스와 포이어바흐), 키르케고르 등의 사상에서 우리는 과거의 정통주의를 떠나, 교회를 떠나, 스스로 헤쳐 나오기 시작하는 최고의 종교사상을 볼 수 있다. 좀 더 최근으로는 20세기가 가까워지면서 중요하면서도 흥미로운 종교 사상가들은 더 이상 교회 소속 성직자가 아니며, 대학의 신학부 소속이 아니라는 걸 발견하게 된다. 그러한 사상가들은 문제 많은 평신도거나 종교적 실존주의자거나 자기 시대와 국가를 대표하는 인물인 경우가 많다. 우나무노(Unamuno), 도스토옙스키(Dostoyevsky), 시몬 베유(Simone Weil), 카잔차키스(Kazantzakis) 등이 그 예다. 미국의 불가지론자와 문제 많은 신자에는 월리스 스티븐스(Wallace Stevens)와 존 업다이크(John Updike) 등이 포함될 수 있겠다. 흥미로운 것은 이제는 이슬람도 비슷한 인물을 내고 있다는 점이다. 마푸즈(Mahfouz), 사이드(Said), 파묵(Pamuk), 루슈디(Rushdie) 정도? 유대교에도 한두 명 정도 그런 인물이 있다. 카프카(Kafka)에서 시작해서 아마도 레비나스(Levinas) 정도일 것이다. 아울러 하이데거(Heidegger), 비트겐쉬타인(Wittgenstein), 데리다(Derrida) 등등 현대의 위대한 철학자들은 모두 최소한 기질상 종교적이라고 고백한다는 점을 상기하는 것은 의미가 있다.

20세기 내내 사람들은 신앙의 위기에 대한 생각뿐만 아니라 허무주의, 서구의 쇠락, 다가오는 재앙 등에 대한 생각 때문에 괴롭힘을 당했다. 니체부터 오스왈드 쉬펭글러(Oswald Spengler)까지, 나아가 보드리야르(Baudrillard)까지 그렇다. 하지만 새로운 그리스도는 어디에 있는가?

모두 알다시피 니체가 〈차라투스트라는 이렇게 말했다〉를 쓴 것은 신약성경을 대체하기 위해서였고, 자기 자신이 새로운 그리스도인지 진지하게 고민했다. 철학으로 보면 그는 거의 옳다. 하지만 그에 대한 평가로 보면 그는 옳지 않다. 니체는 연민에 대한 경멸, 그리고 투쟁, 분투, 자제, 영웅적 남성성에 대한 칭송 등으로 볼 때 극단적 사회진화론자이다. 어쩌면 니체는 새로운 세례 요한일 수 있고, 새로운 예수는 필요 없을 수도 있다. 마침내 재발견된 옛것의 귀환이 최선일 수 있다.

11장

종교적 사고와 인류 만들기

오래된 재료를 일부 사용하긴 했어도 히브리 성경(구약성경)이 쓰여지고 정리되어 현재 형태로 편집된 것은 매우 늦은 시기인 기원전 3세기 정도였다는 생각이 점점 늘고 있다.[1] 만일 히브리 성경이 역사적 사실이었다면, 위대한 왕인 다윗과 솔로몬의 동전이 남아 있었을 것인데, 그렇지 않다. 그리고 유대교가 고대 종교였다면, 야훼 신앙(Yahwism, 야훼/"여호와" 숭배)에 대한 고고학적 증거가 최소한 신의 이름을 따라 이름 지은 형태로 훨씬 많이 남아 있을 것이다. 마치 우리 사회에서 많은 무슬림들이 자기 종교를 분명히 드러내는 이름을 갖고 있는 것처럼 말이다. 고대 야훼 신앙에 대한 오래된 증거(기원전 300년 이전)는 드물거나 전혀 없고, 그래서 심지어 보수적 학자들도 점점 히브리 성경이 〈앵글로색슨 연대기(Anglo-Saxon Chronicle)〉 같은 책이라기보다는 토마스 맬러리(Thomas Malory)의 〈아서 왕의 죽음(Morte d'Arthur)〉 같은 책이라고 인정하는 경향이다. 즉 히브리 성경은 역사적 사건들을 기록한 것이 아니라 이상적인 과거에 관한 민족 신화(a

---

1) Thomas L. Thompson, *The Bible in History*.

national myth)이자 교훈적인 서사시(an admonitory epic)로서, 기술하려는 사건들이 일어난 뒤 수백 년 또는 수천 년이 지나 기록된 것이다. 솔직히 말해 과거는 인간의 창작이다.

성경이 이와 같은 일반적인 특성을 가지고 있다는 점을 고려하면, 고대 이스라엘이 창세기에서 자기들의 민족신이 인간 존재의 시작부터, 심지어 최초의 혼돈으로부터 세상을 처음 창조하던 시기부터 있었다고 생각하는 것도 그다지 놀랍지 않다. 20세기까지도 한두 사람 정도는 여전히 "원시 유일신론(primitive monotheism)" 개념을 변호하고 있었지만, 지금은 유일신 종교가 구석기시대까지 거슬러 올라갈 수 있다고 생각하는 학자는 아무도 없다. 오늘날 우리는 동굴 벽화들을 보며 초기 사냥꾼들의 생활방식을 보며 초기 종교형태는 분명 샤머니즘이었고, 특별히 인류와 동물의 관계와 관련이 있다고 생각한다. 따라서 나의 새로운 대서사에서 나는 "신(god)"이라는 단어의 의미 범위를 넓혀 초자연적인 영역에 대한 최초의 복잡한 그림들도 포함시켜야 한다고 제안했다. 그 그림들은 서서히 응축되고 통합되어 표준 유일신론으로 자리잡게 되었다. 미국과 마찬가지로, 하느님은 최소한 역사적으로는 "다수로부터 하나로"(*E pluribus unum*, 역자주: 미국의 건국이념)이다. 히브리 성경에는 여러 신명이 보존되어 있는데 그 중 하나인 엘로힘(*Elohim*)은 복수 형태이다.

이 모든 사실에도 불구하고 히브리 성경이 특별히 중요한 책이라는 점은 여전히 사실이다. 이 책만큼 나의 상상력을 사로잡은 책은 없었다. 왜냐고? 최근에 어떤 사람들은 이 책의 주된 매력이 하느님의 성격, 즉 거대하고, 말도 안 되는 요구를 하고, 불안정하고, 변덕스럽고, 무자비하고, 벗어날 수 없고, 자의식 수준이 낮은 남자아이와 같은 성격을 하느님에게 부여한 데에 있다고 주장했다. 마치 하느님이 지배적이고 까다롭고 원초적인 순전한 남성성을 상징하는 것처럼 말이다. 이들이 말 그대로 핵심을 잘 짚기는 했다. 하지만 이들은 하느님이 인간에게 요구하는 것에만, 그리고 자기들 생각에 하느님이 가졌다고 생각하는 고압적 성격에만 모든 강조점을 두었다.2) 나의 경우 더 중요하고 큰 주제는 하느님이 언제나 이끌어 가며 모든 것을 먼저 하는 방식이다. 하느님은 정찰대나 선봉처럼 행동하면서 우리보다 앞서 가고 모든 것을 해결하여, 우리가 그 뒤를 따라가서 우리를 위해 펼쳐둔 영토를 차지하도록 한다. 하느님은 우리에게 세상을 소유하고 그 안에서 살아갈 수 있는 우리 자신이 되는 법을 보여주었다.

그러므로 태초에 순전한 혼돈과 암흑에 맞닥뜨린 자신을 발견한 건 하느님이었다.3) 하느님은 아직 세상을 갖지 못했으므로 아직 자아, 즉 주관성도 갖지 못했다. 하느님은 말 그대로 **어둠** 가운데 있었다. 하느님은 어떻게 움직임을 시작하고 무언가가 될 수 있을까? 그러기 위해서는 자유롭게 표현하는 최초의 행위를 통해 스스로를 벗어나 이 어둠을 갈라 거대한 우주 영역을 만들어야 한다. 거품이 이는 불안정한 혼돈을 분류하여, 각각 이름을 가진 보편적인 종류로 나누어야 한다. 세상을 **기술해야** 한다. 언어를 사용해 자신의 세상을 **형성해야** 한다. 그러므로 하느님의 첫 번째 외침인 "빛이 있으라(*Fiat lux*)"는 말은 한 단어로 된 문장처럼 강렬한 언어적 발언이자 끝없는 망망대해를 밝

---

2) 이런 점에 대해 가장 관심을 끈 작가는 미국인 잭 마일스(Jack Miles)와 해럴드 블룸(Harold Bloom)이다.
3) 내가 '창세기'의 창조 이야기를 이런 식으로 생각하도록 해 준 작가는 이브 타보 바넷(Eve Tavor Bannet)이다. 그녀의 *Structuralism and the Logic of Dissent*를 보라.

히는 번갯불이다. 이런 식으로 하느님의 첫 번째 발언은 빛과 어둠 사이, 언어와 비언어 사이에 선을 긋고, 스스로를 세상을 가진 주체로서, 또한 발언한 말로 언어 이전 의식(pre-linguistic consciousness)의 혼돈과 어둠을 아름답게 만드는 연설가로서 의식하도록 만들어준다. 비언어이자 전적 타자(the Wholly Other)인 혼돈스런 어둠의 망망대해가 아직 완전히 정복되지 않았다는 점을 기억하자. 그것은 비록 통제 아래 있고 또한 제자리에 있긴 하지만, 아직 죽은 것은 아니다. 하느님은 아직 할 말이 많이 남아 있고, 할 말이 남아 있다는 것은 아직까지 완전히 고정된 것은 없다는 뜻이다.

하느님이 말을 할수록 우주는 구역으로 나누어지고, 시간과 공간으로 구조화되고, 다양한 존재들로 채워진다. 우주는 더 밝아지고 더 집중된다. 하느님은 세상, 즉 통합되고 질서가 부여되고 자신에게 현존하는 세상을 가진 자로서 점점 더 명확하게 자신을 인식하게 되며, 연설가와 행위자로서 행동하여 목적을 달성할 수 있는 극장을 가진 자로서 인식하게 된다. 하느님은 이제 **무대를 가진 것이다**.

그 다음은 무엇인가? 하느님은 남성과 여성 두 성을 가진, 자신의 형상을 지니고 자신처럼 말하는 첫 번째 사람을 창조했다. 사람은 하느님의 유한한 상대방이자 하느님의 목적을 성취할 대리인이다. 이들 두 사람에게는 출산 능력이 주어졌고, 그래서 이들은 자녀와 자손과 사회적인 세상을 창조할 수 있었다. 하느님은 이들에게 자신의 권력을 더 위임해서 이들이 동식물 세상을 다스릴 수 있도록 했다. 창조신화의 다른 버전에서는 하느님이 여자를 창조하기 전에 남자에게 동물의 이름을 짓는 일을 맡긴다. 결국 사냥꾼이 되는 것은 남자다. 남자에게는 동물을 지배할 권력이 필요하다.

지금까지의 모든 이야기에서 하느님은 자신이 행한 모든 일이 우리에게 가르침을 주기 위해, 또한 우리에게 이양하기 위한 목적으로 행했다는 것을 보여준다. 우리는 우리 각자가 아직 경험해보지 못한 거품이 이는 혼돈에 맞설 힘과 용기를 찾는 법을 하느님으로부터 배워야 한다. 오직 인간의 대화를 통해 우리는 우리 세상을 배치하고, 분류하고, 정돈하고, 밝히고, 통합하고, 우리의 세상으로 만드는 힘을 발견해야 한다. 그리고 그렇게 함으로써 우리는 서서히 우리 자신이 되어가고, 우리가 최소한 질서를 부여하고 통제하기 시작하는 세상, 우리가 우리 목적을 달성하기 위해 행동할 수 있는 세상을 가진 존재가 되어간다.

여기서 우리는 모든 것이 시작된, 수만 년 전의, 거품이 이는 어두운 혼돈으로 다시 돌아가자. 당시에 우리는 우리 자신을 거의 주체로 의식하지 못했다. 다시 한 번 눈을 감고 잠시 시간을 보낸 뒤 확인해보자. 혼돈이 워낙 형태가 없기 때문에 나는 나 자신을 복잡한 자아로 인식하지 못한다. 세상에서 반사되는 역광이 나 자신을 비출 만큼 충분하지 못하다. 심지어 나 자신을 주체로 인식하지도 못한다. 말할 수 있는 것은 그저 "단조롭게 거품이 이는 어둠에 대한 인식만 있다"는 것이다. 그뿐이다.

어떻게 진전(progress)이 일어날 수 있을까? 우리는 앞에서 눈을 감기 전에 보고 있었던 창문이나 전구의 잔상인 연두색으로 떠다니는 형상이 거품보다 먼저 있을 수 있다고 이야기했다. 이것을 혼돈 이전에 정형화된 것들이 떠다니거나 걸려 있을 수 있다고 말할 수 있겠다. 그리고 혼돈이 좀 더 집중되고 응축되는 순간도 있다. 장면이 약간 밝아진다. 부싯돌을 부딪치는 순간에, 또는 사냥의 순간에, 또는 사회적 몸

단장의 순간에, 또는 성교의 순간에 집중이 일어난다. 이러한 사건들은 어떻게든 지속적이고 자아를 인식하는 주체를 형성하기에는 아직 충분히 서로 연결되지 않았다. 하지만 거기에서 의식(consciousness)과 사교성(sociability)이 시작된 것이다.

훨씬 더 강렬한 것—이것은 우리가 여전히 생생하게 느끼는 것이다—은 우리가 갑자기 경고나 명령의 날카로운 외침을 들을 때 격렬하게 찌르듯, 또는 번개가 치듯 밝아지는 것이다. 거기에는 일종의 몸부림이 있다. 우리는 충격을 통해 예리한 의식을 갖추게 된다. 그리고 시간은 느려진다. 우리가 언제나 창조주의 첫 번째 발화를 이런 종류의 날카로운 외침이라고 생각한다는 사실에 대해 주목한 적이 있는가? 이처럼 명령을 외치는 것은 감전시키는 것처럼 놀라게 하는 것이고, 우리는 격렬하게 완전히 깨어나게 된다. 이것이 언어의 시작에 대한, 그리고 언어의 힘에 대한 우리의 느낌이다. (로마인으로서는 매우 예리했던) 루크레티우스는 이 점을 잘 알고 있었다.

언어가 등장하는 데에는 다른 요소들도 있다. 예를 들어, 노동하면서 부르는 노래(worksongs)를 만들기 위해, 먼 거리 사이에 대화하기 위해, 최면상태로 유도하기 위해, 남자들의 호전성을 북돋기 위해, 곡조와 음악 코드를 사용하기도 한다. 음악을 언어 형태로 사용하는 것은 매우 오래 되기도 했으면서 지금까지도 활발하다. 나팔, 피리, 북, 오르간 등등을 들어보라. 아기들 앞에서 조잘조잘 이야기하는 것과 까꿍하는 것도 마찬가지로 언어 발달에 중요하다. 여러 종류의 소리를 주고받는 것이 먼저 이루어진 뒤에 우리가 지금 사용하는 온전히 발달한 자연 언어로 매끄럽게 자리잡은 것이라고 볼 수 있다. 또한 넓은 범위의 몸짓과 신호, 그리고 여전히 모든 곳에서 쓰이고 있고 특히 조용히 소통해야 하는 사냥꾼과 군인 사이에 쓰이는 "몸짓 언어" 등도 언어의 전신으로서 여기에 추가할 수 있다.

그러므로 우리는 언어가 매우 오랜 기간에 걸쳐 느리면서 끊임없이 발전한 것으로 보아야 한다. 언어가 발달함에 따라 처음엔 잘 밝혀지고 통합된 세상을 만들고, 다음엔 우리가 마음을 가다듬기 시작하면서 잘 밝혀지고 통합된 주관성을 만든다.

그런데 우리 자신에 대한 지식은 매우 느리게, 그리고 매우 어렵게 발전했다. 우리 자신에 대한 견해를 어느 정도 갖기 전부터 우리는 이미 매우 오래되었든 매우 최신이든 다른 영역들에 대한 견해를 빠르게 발달시켰다. 기호(signs)의 세계 또는 언어의 세계는 서서히 나타나는 의식을 지닌 인간 자아와 백색 소음(칸트에 의하면 "직관의 다양")인 생소한 경험의 거품 이는 어둠 사이에 걸려 있다. 우리 눈앞의 떠다니는 화면 위에서 말(다른 말로 기호, 형태, 양식 등)이 움직이고, 우리는 이를 통해 거품 이는 어둠을 보고, 이 어둠으로부터 세상을 만들 수 있다. 우리 눈앞에 달려 있으면서 우리 경험을 해석하는 데 도움이 되는 이들 기호 중 가장 중요하고도 오래된 것은 '곰!'이나 '가젤!'과 같은 보편 용어, 즉 종류들이다. 이것이 초기 인간의 생존에 중요했던 이유는 이들이 이러한 보편 기호를 눈앞에 두고서 온전히 집중하고 있다가 함께 사냥하러 나갔을 때 해당 동물이 나타나면 곧바로 그 동물에 생각이 고정되어 **집단적으로** 적절한 방식으로 반응할 수 있기 때문이다. 우리의 새로운 대서사는 종교가 처음부터 우리의 생존에 필요했다는 생각에서 시작한다. 초기 인간은 커다란 두뇌를 가졌지만, 그것으로 무엇을 해야 할지를 몰랐다. 그들은 주변 환경의 가장 중요한 특징에 대한 강력한 보편 상징이 필요했고, 공통의 관심을 이들 상징에 고정시킬 수 있도록 엄격하고도 반복적인 훈련이 필요했다. 그래서 마음과 생소한 경험 사이에 걸려 있는 기호 또는 상징의 세상은 종교의 세상이다. 종교가 그런 상징의 세상을 우리 안에 새기고, 종교의 도움으로 우리는 세상을 구축하고 살아남을 수 있다. 종교는 또한 우리가 상징 자체를, 그리고 마침내 우리 자신까지도, 이해할 수 있도록 돕는다.

언제나 내 눈 앞에 걸려 있고 모든 것을 이해하도록 돕지만 쉽게 볼 수 없는 수수께끼 같은 세상, 그것은 어떤 상태이고 우리가 그것을 무엇이라고 불러야 할까? "철학은 그것을 지성으로 이해할 수 있는 '형상(forms)'이라고 부른다." 플라톤의 말이다. "아니야. 그것은 그저 '개념(concepts)'의 세상일 뿐이야." 아리스토텔레스의 말이다. 반면 "그것은 단어(words)일 뿐이야"라고 중세 유명론은 말한다. "그것은 '선험적 아프리오리(transcendental a priori)'야." 그것을 분석하는 매우 현명한 방식을 만들어낸 칸트의 말이다. "그것은 '가이스트(Geist)'의 세상이야." 헤겔의 말이다. "그것은 우리 '이상적 문화(ideal culture)'의 세상이야." 뒤르켐 이후 인류학의 말이다. "그것은 '언어(language)'의 세상이야." 비트겐쉬타인의 말이다. "그것은 움직이는 기호(signs in motion)의 세상이야." 현대 프랑스 철학의 말이다. "그것은 나의 '문화(culture)' 야", "그것은 나의 '전통(tradition)'이야", "그것은 나의 '정체성(identity)' 이야." 요즘 보통 사람들의 말이다.

철학자들은 어떻게든 난해한 용어들을 많이도 만들어 냈고 완벽하게 물을 흐려놨다. 하지만 이게 다가 아니다. 종교는 이 세상을 뭐라고 부를까?

"그것은 상상의 존재가 사는 '꿈(the Dreaming)'이야." 호주 사람들(즉 호주 원주민들)의 말이다. "그것은 샤만이 최면상태에서 여행하는

'영의 세상(spirit-world)'이야." 에스키모 부족의 말이다. "그것은 '옛날 옛적에는'이라고 말하는 신화 속 과거인 고대 '초자연적(supernatural)' 세상이야." "그것은 '죽은 자들의 거처(abode of the dead)'인 지하세계야. 죽은 자들이 네 머리 속의 왕좌에 앉아서 언제나 다정하게 너를 내려다보고 있다는 거 몰랐어? 여전히 너를 지켜보면서 자기들의 지혜를 전수하고 네가 전통에 충실한지 확인하잖아." 이에 다른 사람들은 말한다. "아니야. 네가 살아가는 보이지 않는 세상은 천사들이 가득한 '하늘나라(heavenly world)'라고 말하는 게 좋아. 아니면 하느님이 모든 것을 만들 때 '자신의' 마음 앞에 가지고 있던 양식들, 즉 보편적인 신의 생각 모두를 담고 있는 '신의 마음(the Divine Mind)'이라고 말하는 게 좋아." "성령이 하느님의 마음을 네 마음과 연결시켜서 너를 밝혀 주고 너를 모든 진리 가운데로 이끌지. 모든 이해와 모든 진리는 이렇게 인간의 마음이 영원한 신의 마음에 참여하는 것에 달려 있어." 기독교 플라톤주의는 이런 식으로 말한다. 그렇다. 플라톤주의자들은 정말로 우리의 마음과 혼돈 사이에 놓인 생각 묶음들이 하느님이 자신의 마음속에 갖고 있는 생각 묶음과 정확히 대응한다고 생각한다. 우리는 정말로 하느님을 꼭 닮은 것이다.

이 세상에 대해 좀 더 알아보자. 우리가 모든 것을 볼 때 통과하게 되는 이 보이지 않는 세상에 거주하는 객체, 또는 존재는 무엇인가?

종교는 이들이 '토템(totems)'이라고, 우리의 조상인 '동물의 영(animal spirits)'이라고, 이집트 양식의 '동물 머리를 가진 신들(gods with animal heads)'이라고, '천사들(angels)'이라고, 신의 메신저들(천사[angel]는 헬라어로 메신저[messenger]다)이라고, 신의 생각(the Divine Ideas), 요즘 우리가 부르는 '종교적 상징(religious symbols)'이라고 말한다.

뭐가 이렇게 복잡한가? 서방에서 철학은 종교에 대한 비판으로 시작되었다. 철학은 종교가 구체화하고, 의인화하고, 우리 경험을 이해하기 위해 우리가 사용해야 하는 용어들에 관한 이야기를 들려주고자 하는 방식을 좋아하지 않았다. 그래서 철학과 종교는 두 가지 서로 다른, 혹은 다르다고 여겨지는 전통으로 갈라졌다. 두 전통은 서로 거리를 두려고 했지만 서로가 나란히 발전하고 있다는 것을 알게 되었고, 다시 서로 얽히게 되었다. 그렇게 기독교 플라톤주의가 나왔고, 그렇게 내가 연구하는 "급진 신학(radical theology)"류가 나왔다. 급진 신학은 독일 관념철학(칸트와 헤겔)과 현대 프랑스 "이론"에 물들어 있다. 이제는 용어들이 너무 뒤죽박죽이고 혼동스러워서 비전문가들은, 어쩌면 누구나 감당하기가 쉽지 않다. 수많은 용어들을 사용해야 했던 것에 나는 죄송스럽게 생각한다. 하지만 나의 대서사를 위해 사용하는 기본 주장은 매우 간단하다. 종교의 세상은 우리 머리 속의 세상이며, 초월적(transcendent)이지 않고 선험적(transcendental)이며,[4] 우리가 세상을 구축하고 살아남을 수 있도록 해 준 문화적인 프로그램의 거대한 몸체이다. 종교, 그리고 일반적으로 종교적인 유형의 생각과 행동이 이러한 프로그램을 개발했고 우리 위에 새겼다. 결국 종교는 서서히 우리가 종교 자체를, 그리고 우리 자신도 더 잘 이해하도록 만들었다. 간단한 말로 논의의 현재 부분을 마무리하려고 한다. 하느님이 우리를 창조했다. 이를 비신화화하면, 종교가 우리를 창조했다. 종교는 우리를 야만성으로부터 끄집어내서 우리를 훈련시켰고 우리의 현재 모습

---

[4] '초월적'(transcendent)인 것이 가능한 모든 경험 너머에 놓여 있는 영역인 반면, 선험적(transcendental)인 영역은 경험의 '가까운' 쪽에 숨겨져 있다. 이는 칸트의 설명처럼 객관적 경험 가능성의 모든 조건을 포함한다.

으로 만들었다. 우리의 머리는 여전히 종교로 가득 차 있다. 우리가 인식하는 것 이상으로 말이다.

이제 우리는 히브리 성경의 하느님이 어떻게 문명을 창안했는지에 대해 간단히 생각해 보는 것으로 이야기를 계속해 나가려고 한다. 이것이 새로운 주요 대서사 2막의 주제다. 과거 유목민들은 자기들 조상들의 땅을 마음껏 돌아다녔지만, 땅 위에 영구적인 흔적을 남기지는 않았다. 그들이 특정한 장소에 **뿌리를 내리지** 않았기 때문에 그들의 신학, 세계관, 종교, 자아 등이 아직 **중심을 잡지** 못했고 계급화되지 않았다. 수렵-채집인의 유목사회는 아직 진정한 **계급** 사회도 아니고 **카스트** 사회도 아니었기 때문에 그들은 비교적 민주적이었다. 하지만 하느님이 자신의 거룩한 땅, 자신의 거룩한 도시 가운데 자신의 집에 거주하면서 하느님은 거룩한 정도를 명확하게 알 수 있는 체계를 사실처럼 땅 위에 수립했다. 이는 마치 동심원 여러 개가 그려진 양궁 과녁 같은 것이다. 가장 높은 등급은 한복판에 몰려 있고, 가운데에서 멀어질수록 신성한 힘의 집중도 역시 서서히("단계적으로") 떨어진다.

신이 한 장소에 거주하게 되면 신은 땅 위에 신성함의 고정된 중심을 만들고 그 중심으로부터 여러 동심원이 신의 영역의 경계까지 뻗어 나간다. 신이 세운 단계 체계는 이것만이 아니다. 신이 앉는 보좌가 있는 가장 높은 하늘 위에서부터 가장 낮은 땅속 구덩이까지 내려오는 세로선인 세계축(*axis mundi*)이 있다. 전체 우주는 단테의 〈신곡(*Divine Comedy*)〉에서처럼 동심원을 이루는 행성 체계로 보게 된다. 자이로스코프처럼 축을 중심으로 서서히 회전하는 것이다. 게다가 각자가 사는 곳과 어느 정도 관련된 사회계급이 있다. 높은 사람들은 언제나 중심에서 가까운 곳에서 산다. 즉 왕, 왕실, 군대, 상인, 장인 등은 도시 성

벽 안에 있고, 소작농들은 들판에 있고, (밑바닥에는) 뜨내기 일일 노동자들이 있다. 이들 모두는 거룩, 권력, 정의, 교환 등의 그 중심을 바라본다. 오늘날까지도 우리는 이런 과거의 모델에 놀랄 만큼 물들어 있고, 다음 세대에게 거의 원래 그대로 전달한다. 이 모델은 철저히 신학적이다. 오늘날에도 철학자, 예언자, 또는 문화적 급진주의자들은 우리가 가진 5,000년 묵은 종교적 표준 우주론 모델이 이제는 악몽일 뿐이고 우리가 영구히 던져버려야 할 것이라고 우리를 설득한다. 그런 메시지를 전달하는 사람은 오늘날에도 어려움을 겪을 가능성이 많다.

여기에는 충분한 이유가 있다. 그 과거의 모델이 우리를 창조했고, 우리의 현재 모습을 만들었다. 우리는 모든 것을 그 모델에 신세지고 있다. 이것이 우리가 여전히 종교적인 이유다. 우리 중 매우 능력 있고 독창적인 사람조차도 주저하거나 고통 없이 과거의 세계관을 포기하지 못했다. 에라스무스(Erasmus), 루터(Luther), 코페르니쿠스(Copernicus) 등의 시대 이후로 서방 사상의 역사는 과거의 사고방식으로부터 우리를 해방하려는 오랜 투쟁의 역사라고 말할 수 있다. 프랑스 혁명, 니체와 신의 죽음, 러시아 혁명 등을 통해 혁명가들은 자신들에게 성공을 주장할 자격이 있다고 믿었다. 하지만 매번 그러한 주장은 살짝 시기상조라는 것이 드러났다. 약간 약화된 형태로 과거의 사상 체계가 반복적으로 되돌아왔고, 약속된 새로운 인간(New Man)은 지연되어야 했다. 우리 모두는 최소한 50%는 과거의 인간(Old Men)이다.

하지만 이번에는 다를 것이다. 그렇지 않을까?

12장

신들의 황혼

　과거의 서방 대서사는 성경에서 시작되어 서서히 자라나 아우구스티누스의 〈하느님의 도성〉(*The City of God*, 413-26)에서 확실히 언급되었고, 뒤늦게 (논란의 여지가 있지만) 칼빈의 〈기독교강요〉(*Institutes of the Christian Religion*, 1536)에서 그 절정, 즉 그 총독 관저 시기[1])를 이루었다. 하지만 밀턴의 〈실낙원〉(*Paradise Lost*, 1667) 시기가 되자 그 붕괴를 피할 수 없게 되었다. 밀턴은 늙은 갈릴레오를 만났고, 따라서 무슨 일이 벌어지고 있는지 모를 수가 없었다.

　과거 서방 기독교 우주론의 역사는 더 간단하다. 그 우주론은 여러 자료들, 즉 성경, 클라우디우스 프톨레미(Claudius Ptolemy)의 〈알마게스트〉(*Almagest*, 기원후 2세기. 프톨레미의 우주론은 이슬람 아랍에서도 채택되었다.), 위(僞) 디오니시우스(Pseudo-Dionysius)의 〈천상의 위계〉(*The celestial Hierarchy*, 기원후 약 500년) 등을 포함해서 여러 자료로부터 서서히 수집되다 단테의 〈신곡〉(*Divine Comedy*, 1302-1312)에 이르러

---

1) 영국의 인도 지배가 낳은 가장 웅장한 유적은 델리에 있는 총독 관저로서 루티언스(Lutyens)가 설계했고 영국의 지배가 끝나가던 시기에 완성되었다.

최고의 문학 표현으로 그 정점을 찍었다. 그 이후 약 250년 동안 그 우주론은 위대한 이탈리아 화가들의 전제가 되었음이 명백하고, 특히 프라 안젤리코(Fra Angelico)와 보티첼리(Botticelli)의 그림에 생생하게 드러난다. 하지만 코페르니쿠스 이후 태양 중심의 새로운 "세계 체계"가 널리 퍼지면서 그 우주론은 빠르게 쇠락했다. 밀턴은 여전히 그 우주론을 전제로 하고 있지만, 의구심을 가지고 있다.

신들의 오랜 황혼기, 즉 과거의 대서사 및 이와 관련된 우주론의 쇠락과 최종 붕괴가, 우리가 지금 보고 있는 것처럼 대략 500년에 걸쳐 서구에서 진행 중이다. 찬송가, 예배, 권력에 대한 교회들의 이해관계 덕분에 그 수명이 어느 정도 연장되어 왔는데, 그렇지 않았다면 왜 그렇게 많은 사람들이 여전히 천사를 믿는지, 또한 19세기의 유명한 찬송가 작사자가 "어린이들을 위한 집이 있네 / 밝고 푸른 하늘 위에"라고 어떻게 확신할 수 있었는지를 설명하기가 힘들었을 것이다. 그 사람은 정말로 그렇게 생각했을까? 아니면 자신에게 기대되고 있다고 스스로 느끼게 된 관용구를 사용했을 뿐인 것일까? 어려운 얘기다. 그런데 케임브리지 대학교 중세와 르네상스 문학 학과장을 역임한 C. S. 루이스는 비교적 최근인 1950년대에 이전의 우주론을 되살려보려는 미지근한 시도를 했었다.[2] 우리 시대의 필립 풀먼(Philip Pullman)은 과거의 우주론을 전혀 믿지 않지만 세 권짜리 어린이용 서사시인 〈황금나침반〉(His Dark Materials, 1995-2000)에서 과거의 우주론에 의지하고 이에 대해 이야기한다. 우리의 향수를 없애는 것은 너무나 어려워서 "믿음의 바다(의) … 울적하며 긴, 물러나는 포효소리"의 메아리가 오

---

[2] 공상 과학소설 3부작에서. 루이스는 또한 중세 우주론에 관한 훌륭한 책인 〈폐기된 이미지〉(The Discarded Image)도 썼다.

늘날에도 여전히 들린다. 성공회의 시 전승은 비록 시인들은 더 이상 신자가 아니지만 계속 살아남아 있다.3) 고인이 된 또 다른 성공회 시인이 말했듯이, 우리는 죽은 신들에게 필사적으로 매달려 있다.

우리는 너무나 향수에 젖어 있어서 심지어는 우리가 떠들썩하게 내다버렸던 신앙의 잔해를 움켜쥐려 하기도 한다. 예를 들어, 리처드 도킨스(Richard Dawkins)는 자신이 더 이상 믿지 않는 하느님에게 사로잡혀 있다. 이것은 "더 나쁜 것을 발견할까봐 / 간호사를 붙잡고 있는" 경우이다. 스스로가 믿지 않는 하느님을 보고 있는 동안, 도킨스는 당연히 기분 좋게 느낄 수 있다. 자신은 우월하고, 합리적이고, 상대적으로 해방되었다. 무엇보다 도킨스는 하느님이 사라진 이후 자신에게 무엇이 남아있을지 진지하게 생각하는 것을 미룰 수 있다. 니체 이후 "대륙의" 전통에서는 많은 사람들이 하느님이 완전히 사라지고 잊혀진 뒤에 우리에게 무엇이 남아있는지 생각하기 위해 노력했다. 하지만 영어권 세계에서는 좀 더 편안한 반신반의와 불신에 매달리는 것을 선호했다. 우리는 하느님이 마지막으로 자신의 과거 소유지를 비울 때 얼마나 많은 것을 가져갈 것인지 알아내기 위해 서두르지 않았다.

그래서 하느님이 사라진 뒤 우리에게 무엇이 남아 있을까? 니체는 간단히 말했다. "허무주의," 좀 더 길게 말하면 "도덕적 세계질서는 없다." 즉 도덕적 섭리가 없고, 우리의 도덕 가치에 대한 객관적 보증이 없다는 뜻이다. 우리를 지지하는 것은 아무것도 없고, 우리의 판단이나 평가를 인정하는 것도 없다. 우리는 실제로 독립되어 있고, 완전히 우발적인(contingent) 세상 속의 우발적인 존재들이다. 세상이 **우리에게** 이해가 된다거나 우리가 세상을 이해한다는 것을 보장하는 것은 아무

---

3) R. S. 토마스(R. S. Thomas)와 제프리 힐(Geoffrey Hill).

것도 없다.

니체 이후로는 말할 것이 좀 더 많이 있다. 철학은 내가 "인간일원론"(anthropomonism)이라고 부르는 것, 즉 우리가 알게 되는 모든 것은 우리의 세상뿐이라는 견해 쪽으로 가까이 표류해 왔다. 우리는 세상에 대해 절대적인 또는 "관점 없는(perspectiveless)" 시각을 가질 수 없다. 우리가 알 수 있는 모든 것은, 그래서 사실상 존재하는 모든 것은, 우리의 세상, 즉 언어, 문화적 프로그램, 전통 등 우리 머리 안에 있는 것들로 이미 형성된 세상이다. 그러므로 종교를 다시 생각해보려는 나의 싸움은 순전히 인간일원론 안에서 일어나는 일이다. 이것이 우리가 가진 모든 것이고, 그 밖의 것은 우리가 결코 갖거나 알 수 없다. 인간 밖의 객관적인 현실에서 내가 허용할 수 있는 것은 탁월한 미국 철학자인 힐러리 퍼트넘(Hilary Putnam)이 허용하는 것과 비슷하다. "다른 사람들과의 열린 대화 속에서 나는 보편적이고 검증된 공공의 세계관을 발전시키도록 도울 수 있다. 이는 (현재) 작동하는 세계관이고 그래서 (현재) 합리적으로 신뢰할 수 있는 세계관이다. 이 세계관은 모두가 아는 것처럼 항상 꾸준히 변화하고 발전한다. 하지만 우리는 오늘의 최선인 인간들만의 합의, 다시 말해 오늘의 최선인 사용 가능한 이야기에 보조를 맞추는 것보다 (현재로서) 더 잘 할 수는 없다. 나는 이것을 "인간 현실주의(human realism)"라고 부른다. 이는 좀 더 회의적인 나만의 개인적 입장을 공개적으로 정치적으로 시장성이 있는 버전으로 확장한 것이다. 하지만 우리 세상에 대해 합리적인 공공의 합의를 수립하고 유지하는 작업을 꾸준히 계속할 필요를 강조하는 평범한 언론인, 과학자, 정치인 등이 전적으로 옳다.

만약 그러한 것이 하느님이 사라진 뒤 우리 인간의 상황이라면, 하느님에 대한 믿음은 모두 무엇에 관한 것이었다고 볼 수 있을까? 우리의 현재 논의의 빛 안에서 돌이켜 보면, 정착한 문명생활과 농업이 시작된 것이 유일신론(monotheism)과 죽음 이후의 삶에 대한 믿음이 발전하는 데 결정적이었던 것으로 보인다. 죽음 이후의 삶에 대해 먼저 살펴보면, 1953년에 영국 고고학자인 캐슬린 캐니언(Kathleen Kenyon)이 여리고 유적의 최하층에서 석고 처리한 유골을 발견한 이후로 인간이 처음 농부로 정착한 삶을 시작하게 되자 죽은 자들이 이전보다 더욱 중요해진 것이라는 생각이 널리 받아들여졌다. 왜냐고? 새로운 질서 아래에서는 우리의 세상 속 지위가 우리와 조상의 재산 사이의 관계에 좌우되기 때문이다. 지위는 우리의 생계수단이자 유산이다. 지위에 대한 우리의 **직함**은 죽은 아버지로부터 온다. 그리고 우리는 전 세계 어디서나 어떤 사람에게 그 아버지의 유골이 지금 얼마나 중요한지 알게 된다. 죽은 아버지가 한 사람의 정신적인 가구, 즉 한 사람이 자신을 세상과 연결하는 도구의 일부가 되었다. 이 말은 죽은 아버지가 한 사람을 인도하는 신과 영들 세상의 일부가 되었다는 뜻이다. 그러므로 그 사람은 이제 자기 아버지의 죽음 이후의 삶, "저 위에서" 다정하게 내려다보고 있는 존경 받는 조상으로서의 삶에 대해 믿을 것이다. 자신의 지위와 직함에 대한 확실한 증거로서 아버지의 유골을 자기 가까이 두는 것이 이제는 자연스러워 보일 것이다. 여리고에서는 유골이 집의 바닥 아래에서 발견되었다. 다른 곳에서는 그 땅 중 가족의 "몫"에서 가장 높은 곳에 묻히거나 특별하게 지은 영묘(靈廟)나 납골당에 보관되기도 한다.

새로운 농경문화에서는 부계제와 부계 상속이 중요해졌다. 족보가 합법화되고, 여러 곳에서 신들도 족보를 갖게 되었다. 신들의 살아있는 족장인 제우스 뒤에는 서먹서먹한 아버지인 크로노스가 있고, 크로노스의 뒤에는 더 서먹한 인물인 그의 아버지 우라노스가 있었다. 흥미롭게도 청동기시대 종교에서는 죽은 신들이 여전히 "일했고," 여전히 숭배의 대상이었다. 오시리스와 플루토가 그 중 가장 기억되는 존재들이었다.

죽음 이후의 삶에 대해서는 충분히 다룬 것 같다. 내가 여기서 이 얘기를 한 이유는 남자들이 내 나이 즈음 되면 족보에 관심을 갖게 되는 경향이 있기 때문이다(역자주: 저자가 1934년생이고 이 책을 쓴 게 2010년이니까 70대 중반이다). 이제 우리는 정착한 인간이 삶에서 매우 몰두했던 또 다른 영역인 하느님과의 관계에 대해 살펴보자. "하느님의 존재"와 같은 어리석은 토론에서 진짜 문제는 초기 농부에게 저 너머에 구심점이 되고 보호해줄 강력한 중심이 필요했다는 것을 여기서 우리는 불현듯 보게 된다. 그리고 초기 농부는 언제나 별 문제 없이 이를 깨닫고 있었다. 중심에는 신이 왕좌에 앉아있고, 거기로부터 신성한 힘과 권위가 나온다. 즉 군인, 혹은 최소한 무기는 중심에서 관리된다. 시장이 거기 있고, 장인들이 거기에 산다. 적어도 1년에 한 번 농부는 거기로 올라가 거래를 하고 축제들에 참가한다. 사실 농부의 삶 전체가 중심 주변을 돈다.

어디서나 사람들은 중심으로 올라간다. 왜냐면 하느님의 보좌는 높은 곳에 있다고 생각하기 때문이다. 영국의 경우 우리는 여전히 언덕 위 성채로 걸어 올라가는 것을 좋아한다. 성채들은 이전에 성채 주변에 살면서 성채를 올려다보던 사람들에게 원시 도시 역할을 했던 것으로 이해되고 있다. 고대 이스라엘 사람들은 예루살렘 안의 성전산에 있는 하느님의 집으로 올라갔다. 마치 오늘날 영국 사람들이 런던으로 올라가는 것과 같다. 캠브리지의 주 교구 교회가 마켓힐(Market Hill)에 있는 것처럼 런던의 성 바울 대성당은 러드게이트힐(Ludgate Hill)에 있다. 런던과 캠브리지 모두 저지대에 있고 평지로 보인다는 점은 중요한 게 아니다. 실제로 캠브리지셔의 외곽 소택지에는 주변 수면보다 1.5미터밖에 높지 않은 언덕 위에 성채가 존재한다(웜블링턴[Wimblington] 근처 TL448930 스토네아 캠프[Stonea Camp]). 한창 때의 소택지 사람들이 성채로 "올라간다고" 생각했을 것은 당연하다.4)

내가 말하려는 것은 하느님에 대한 믿음은 구심점이 되고 인도하여 자신들을 함께 붙들어줄 강력한 중심을 모든 복합 "유기체"가 필요로 하고 또 그런 중심을 가지고 있다는 믿음과 언제나 관련이 있다는 것이다. 우주 차원의 하느님, 국가 차원의 군주, 개인 차원의 합리적인 영혼 등이 그 중심이다. 같은 개념이 형이상학에서는 **실체**(substance)로, 또 요즘 쓰는 말로는 "정체성"으로 옮겨진다. 신들이 언제나 위에 있다는 생각은 철학에서는 모든 것을 함께 붙드는 중심에서의 개별화 원칙이 존재의 "좀 더 높은" 차원에 있다는 생각으로 옮겨진다.5) 이 원칙은 "핵심"이고, "본질"이고, 변하지 않는 것으로 여겨진다.

이 모든 것은 하느님의 죽음(the Death of God)이 왜 그렇게 커다란 사건인지를 설명하는 데 도움을 준다. 하느님은 자신과 함께 객관적 질서, 명료성, 불변의 실재와 가치 등에 대한 생각 모두를 가져간다. 모든 것이 허물어진다. 폭도들과 약탈자들이 거리로 나선다. 사람들은

---

4) 캠브리지와 런던을 잇는 기찻길 위에 있는 사람은 어느 쪽으로 가든 '올라'가는 것이다. 왜냐하면 캠브리지와 런던 모두 중심이기 때문에 캠브리지로도 올라가는 것이고 런던으로도 올라가는 것이다.
5) 1960년대 자크 데리다(Jacques Derrida)의 작업이 구심점이 되는 중심, 또는 (누군가의 표현처럼) "규범적 기원"의 신화에 대한 가장 강력한 비평이다.

다음과 같은 유사성을 느낀다. 즉 왕이 죽고 나면 국가의 연속성과 질서를 어떻게 확보할 수 있을까? 그리고 신이 죽고 나면 지식과 윤리와 우리 자신의 삶을 어떻게 다시 생각하고 다시 구축할 수 있을까?

단기적으로는 고대사회처럼 죽은 신, 죽은 왕, 죽은 부모 등은 죽음 안에서 어떤 방식으로든 살아가면서 자신들이 떠난 세상 속의 우리들을 계속해서 확인하고 지원한다고 주장할 수 있다. 하지만 결국 우리는 신의 죽음이라는 것이 바깥세상의 불변하고 명백한 실재, 불변하는 가치, 불변하는 진리 등에 대한 **모든** 생각의 종말이라는 것을 안다. 모든 것, 정말로 모든 것이 우발적으로 생겨나 사라지고 있다. 단기적으로 현대인은 자신의 유전자가 잠깐 동안 흘러갈 것이고, 자신의 후손들이 잠깐 동안 자신을 기억할 것이라는 생각에 안도감을 느낄 수도 있다. 하지만 모든 것은 우발적이고, 죽음은 단순한 소멸이며, 우리는 오래 갈 수 없다. 우리 자신의 외부만이 우리이다. 즉 우리 안에는 불변하는 핵심 정체성이 없다. 우리는 그저 앞으로 몇 년 동안 우리 삶의 과정에서 타오르고 소진되는 것일 뿐이다. 그게 다이고, 그게 우리이다.

하느님의 모든 것이 지난 4, 5세기를 점령한 신들의 긴 황혼기 동안 서방에서 점점 우리에게 알려졌다. 누가 처음에 이것을 알았을까? 말로(Marlowe), 셰익스피어(Shakespeare), 몽테뉴(Montaigne) 등이 가능성이 있고, 흄(Hume)은 확실하다. 프란츠 슈베르트(Franz Schubert) 등 쇼펜하우어(Schopenhauer)와 동시대 사람 중 몇 명도 가능하다. 하지만 깨달음이 널리 퍼지기 시작한 것은 19세기 말이 되어서였다. 니체가 독보적으로 가장 위대하다. **개인적으로는** 사뮈엘 베케트(Samuel Beckett)가 요즘 사람 중 가장 매력적이고 설득력 있는 인물이다. 그 메시지가 교회까지 이르고, 1960년대의 문화적 격동기를 겪은 후, 교회의 쇠퇴는 가속화되었다. 우리는 이제 모두가—최소한 유럽에서는—현재 상황을 어느 정도 알고 있다고 인정하게 되었다.6) 인생의 끝이, 절대적으로 완벽한 분에 대한 절대적인 지식을 가짐으로써 저 세상에서 영원한 행복을 누리는 상태가 될 것이라는 과거의 생각은 완전히 사라졌다. 이제 남은 것은 잠시 동안 불타는 것뿐이다. 우리는 우리가 종말에 도달했다는 것을 절대 알 수 없을 것이다. 그것이 인생이라는 문장의 마지막에 마침표가 없는 이유이다.

이제 우리는 우리의 새로운 대서사의 두 번째 회전의 3막의 끝에 와 있다. 완전히 정교화된 교회 중심 기독교에 대한 도덕가, 철학자, 종교적 예언자 등의 비판이 완료되었다. 내가 말하려는 것은 우리에게는 남겨진 시간 동안 태양처럼 살고 태양처럼 사랑하는 것 외에는 아무것도 없다는 것이다. 이것이 갈릴리 예수가 꼭대기, 최고 정점, 최고선(Summum Bonum)을 이야기한 이유이다. 그 이상은 없고, 그러므로 예수가 맨 처음 발견하고 가르친 삶의 방식을 재발견하는 것 외에는 종교의 미래도 없다.

---

6) 어떤 면에서 미국은 예외이고, 왜 그런지는 설명하기가 어렵다.

13장

최고선(最高善)

서양 철학과 서방교회 신학의 오랜 전통에 따르면 인간이 동물과 구분되는 것은 이성적인 영혼을 가졌다는 점이다. 다른 종류의 영혼도 있지만—예를 들어 동물의 영혼— 우리 안에 있는 핵심 자아(core self)는 비물질적 실체인 이성적 영혼이고, 이것이 큰 차이를 만든다. 동물의 영혼은 동물 삶의 "원리"이다. 이것은 자연의 일부이고, 동물이 죽을 때 같이 죽는다. 하지만 이성적 영혼은 그게 다가 아니다. 왜냐하면 이성이 자연을 초월하기 때문이다. 사람들은 하늘을 쳐다보며 땅 위의 세상과는 매우 다른 세상을 보았다. 사람들은 일정하게 예측 가능한 경로로 움직이는 완벽한 구체들로 구성된 변하지 않는 높은 곳의 하늘 세상, 우리의 이성이 특별한 애착을 가지는 세상, 바라보면 묘하게 만족스러운 세상, 간단히 말해 더 나은 세상을 보았다.

이러한 상황에서 플라톤에서 계몽주의에 이르기까지 대부분의 철학자들이 인간에 대한 이원론적 견해를 가진 것은 자연스럽다. 우리의 몸은 보이는 세상인 자연의 세상에 속하고 따라서 죽을 수밖에 없다. 하지만 유한한 이성적 실체인 우리의 영혼은 위에 있는 변하지 않는 하늘 세상에 애착을 가지고 있고, 선천적으로 불멸의 존재다. 플라톤을 따라 수많은 철학자들이 인간의 영혼은 하늘 세상에 선재했고, 지금은 잠시 땅 위에서 육체를 입고 사는 것이라고 주장했다. 죽음 이후 영혼은 위 세상에 있는 참되고 영원한 집으로 돌아갈 것이다.

신학자들도 영혼에 대해 같은 견해를 가졌지만 영혼의 생애-역사(life-history)에 대해서는 약간 다른 내용을 말했다. 즉 신학자들에게 있어 각각의 인간 영혼은 새롭게 잉태된 특정 인간 태아에 "적합하도록" 하느님에 의해 특별히 창조되어 태아에게 생명을 주는 역할을 한다. 우리의 삶은 시험 기간이다. 우리가 원죄 가운데 태어났다는 점에서 시작부터 핸디캡을 안고 괴로워하지만, 확실한 구원의 길이 제공되어 있다. 죽음 이후 우리는 임시로 구원이나 저주가 정해지지만, 마지막 심판까지 기다려야 한다. 만약 무죄 판결이 나면 우리의 영혼은 적절한 몸과 재결합하고 그때부터 우리는 하느님을 묵상하며 찬양하며 영원한 행복을 누린다.

철학자들은 좀 더 이원론적이고, 신학자들은 육체와 죽음 이후 삶의 사회적 성격에 좀 더 가치를 두는 등, 철학자들과 신학자들이 약간 다른 이야기를 들려주긴 했지만 양쪽은 한 가지 점에서 본질적인 일치를 이룬다. 바로 관상의(contemplative, 헬라어로 "사색적인[theoretical]," 즉 환상적인[visionary]) 삶이 실제 삶보다 더 고등하다는 것이다. 만약 이들에게 인간에게 최고선(Summum Bonum)이 무엇이냐고 묻는다면 이들은 본질적으로 같은 대답을 할 것이다. 즉 "존재의 영원한 연합, 필연, 완성 등에 대한 지적 직관이나 관상에서 오는 영원한 행복이다"라고 말이다. 신학자들은 이러한 상태를 하느님의 비전, 또는 지복(Beatitude)이라고 불렀다. 이것은 교리문답서가 말하는 "하느님을 알고 사랑하고 영원히 누리는 것"이다. 이것이 인간의 최고 목적이다. 종교적인 삶의 목표도 마찬가지다. 철학자들의 목표도 같다. 이는 (논증의 반대로서) **직관적인 지식**이다. 또는 **절대적인 지식**이다. 플라톤부터 헤겔까지 이성의 삶은 지식의 등급이라는 사다리에 올라 꼭대기에, 최고 정점에 있는 직접적이고 전체적이고 영원한 지식의 복된 상태로 향하는 여행처럼 여겨졌다. 그것이 철학자들의 천국이었고, 이는 기독교인들뿐만 아니라 유대인들과 무슬림들의, 그리고 특히 신비주의자들의 천국과도 본질적으로 일치했다.

오늘날 이와 같은 고대의 최고선 개념은 이미 사라졌다. 너무나 완벽히 사라져서 대부분의 사람들은 이에 대한 기억조차 없다.[1] 하지만 한때는 워낙 강력했기 때문에 셸리(Shelley)와 같은 무신론자들도 여기에 매달릴 수 있었다. 지금 셸리는 자신이 "아도네이스(Adonais)"라고 부르는 키츠(Keats)의 죽음을 대하고 있다.

아도네이스의 영혼은, 별처럼,
영원하신 분이 계신 저 위에서 빛나고 있다.

1790년대부터 1960년대까지 사람들은 "불멸", "영원" 같은 말이 이제는 비유적 방식으로만 쓰인다는 것이 명백해졌지만 이들 단어를 —특히 시에서— 계속 썼다. "영원"은 실제로는 그저 죽음일 뿐이고, "불멸"은 명성일 뿐이다. 기껏해야 최근 30년 정도에만 우리들 대부분은 심지어 장례식장에서도 우리가 더 이상 죽음 이후의 어떤 삶에 대

---

[1] 영혼에 대한 라틴(서방) 기독교의 생각은 인간의 자아를 인간의 몸과 감정으로부터 날카롭게 분리하기 때문에 매우 소외감을 느끼게 한다고 특히 여성들이 종종 불평한다. 이러한 불평은 확실히 정당하다.

해서도 믿지 않는다는 것을 드러낼 수 있다고 느끼게 되었다. 한편, 같은 기간 동안 인간에 대한 새로운 개념이 발전해서 이제는 기존 것을 대체할 시기가 무르익었다.2) 그 시작 지점은 쇼펜하우어(Arthur Schopenhauer)의 철학에서 찾을 수 있다. 인간은 인간의 삶으로 볼 때 가장 잘 이해할 수 있고, 인간의 삶은 실체가 아니라 쏟아 붓는 과정으로, 처음엔 강하게 그러다가 70~80년 뒤 사그라들 때까지 발산하는 에너지 묶음(a bundle of energies)으로 볼 때 가장 잘 이해할 수 있다. 이러한 에너지, 또는 "충동", 또는 "식욕", 또는 "감정", 또는 "본능"은 다양하다. 이들 중 가장 기본적인 것은 간단히 말해 "살려는 의지(the will to live)"이고, 많은 것들이 반대편 쌍으로 온다. 따라서 나이가 들어가면서 우리는 살려는 의지뿐만 아니라 죽음에 대한 욕구 또한 자라나는 것을 볼 수 있고, 우리 안에 그 두 가지 욕구가 **동시**에 존재하는 것을 볼 수 있다. 또 다른 익숙하면서도 재미있는 사례는 밖에서는 폭군처럼 구는 사람이 침대에서는 명백히 피학적인(masochistic) 모습을 보이는 경우다.

우리의 모든 욕구는 만족을 추구하지만, 사회적 세상에서 이를 얻기는 쉽지 않다. 프로이트의 용어를 사용하자면, 쾌락 원칙은 현실 원칙 때문에 좌절된다. 그런 일이 일어날 때 우리는 일종의 대체나 상징적인 만족을 통한 위로를 찾는다. 또 욕구들끼리 충돌할 경우 우리는 두 가지 모두를 동시에 절묘하게 해소할 출구를 찾는다.

생물학의 영향을 받은 이와 같은 인간에 대한 설명을 토대로 볼 때 인간의 삶은 끊임없는 자기표현의 과정이다. 쇼펜하우어의 언어로

---

2) 나는 *After All* (1994)를 포함하여 80년대 말과 90년대 초에 쓴 여러 글을 통해 자아에 관한 이러한 설명을 제시한 바 있다.

말하자면, 우리는 우리가 속한 세상 전체와 마찬가지로 표상(Representation)으로 나타나는 (본체의[noumenal]) 의지(Will)이다. 프로이트의 언어로 말하자면, 우리 각자는 본능적 충동들이 각각의 만족을 추구하며 모인 묶음이다. 일부 충동은 내가 점심을 먹을 때처럼 분명하게 만족된다. 다른 충동은 사회적으로 인정되는 다양한 형태의 상징적 만족을 찾는다. 차려입기도 하고, 과시하기도 하고, 험담하기도 하고, 다양한 사회 속 역할을 수행하기도 한다. 때때로 우리는 충돌하는 욕구를 종합하는 방식으로 행동함으로써, 우리의 행위 속에서 마음을 가다듬기도 한다. 그리고 때때로 다른 사람들이 이런 행위를 우리의 "몸짓 언어"로 "읽고서" 이 행위에 대해 자기들끼리 악의적으로 험담하기도 한다.

그렇다면 이와 같은 새로운 견해를 토대로 볼 때 사회적 세상은 우리 각자가 여러 역할을 수행하는 일종의 극장이다. 인생이라는 무대에서 나는 나 자신의 자기표현이고 나 자신의 삶의 과정이다. 나는 내가 공연하는 연극이고, 여럿이 함께 하는 다양한 놀이에서 내가 제공하는 공헌이다. 다른 사람이 보는 것은 상당 부분 있는 그대로이다. 나는 펼쳐진 책이고, 다른 사람이 나를 읽으면 내가 나를 읽는 것만큼이나 잘 읽을 수 있다. 어쩌면 더 나을 수도 있다. 하지만 내가 질색하는 것은 나의 "진짜 자아(real self)"가 내 안 어딘가에 감춰져 있는 불멸의 이성적 영혼, 즉 하느님이 매우 명확히 볼 수 있고 내가 나의 유익을 위해 매일 점검하려고 애쓰는 실체라는 전통 서방의 개념이다. 과거의 견해에서 나의 종교적 삶은 내가 내 양심을 점검하고 기도하기 위해 침잠하는, 나의 감추어진 "내면의 삶(interior life)"이다. 이제 나에게는 그러한 과거의 생각이 완전히 의미 없게 되었고, 자아에 대한 그러한 이론에 바탕을 둔 과거의 영성은 시간 낭비일 뿐이다. 그 대신, 나는 이제 자아를 철저히 "연극으로" 보는 견해를 취하게 되었고, 그래서 자아를 인간 사회 세상 속에서 다른 사람들과 소통하며 표현하는 일이 계속되는 과정이라고 보게 되었다. 우리는 우리가 연기하는 역할이다. 우리는 타오르고, 소진된다.

그렇다면 그런 경우 **종교적 삶**이란 무엇인가? 우리 자신의 주관성 속 깊은 곳에서 수행하는, (매사추세츠 주 보스턴의 일부 귀족 가문 사람들처럼) "하느님에게만" 이야기하는 또 하나의 내부의 삶으로 보는 대신에, 우리는 이제 우리의 종교적 삶을 외향적이고 감정적이고 표현하는 언어를 통해 보는 법을 배워야 한다.3) 종교적 상징은 대부분 치유와 화해이기 때문에 종교 수행은 우리 내면의 갈등을 해결하고 마음을 가라앉혀 우리가 좀 더 외향적이 되도록 도움이 되어야 한다. 우리는 종교 수행이 마지막 심판과 다른 세상에서의 죽음 이후의 삶을 준비하는 방편으로 자기를 정화하는 것(self-purification)이라는 개념을 철저히 버린다. 다른 세상은 없다. 이 삶만 있을 뿐이고, 종교는 우리가 덜 내향적이 되어서 좀 더 활기차게 되고, 창조적이게 되고, 분명하게 사랑하게 되도록 도와야 한다.

그렇다면 이와 같은 새로운 견해를 토대로 볼 때, 우리 인간을 위한 최고선(Summum Bonum)은 태양처럼 사는(solar living) 것이고 또한 태양처럼 사랑하는(solar loving) 것이다. 이것은 능동적인 것, 표현하는 것이고, 삶의 습관이고, 우리가 **해야** 하는 것이지, 우리에게 **주어지기를** 바라는 수동적이고 온전히 지적인 영원한 지복 상태가 아니다. 그리고 이것은 온전히 이 세상적(this-worldly)이다.

---

3) 내 글 중 이 주제를 가장 잘 설명한 글은 *Solar Ethics* (1995)이다.

흥미롭게도 종말이 가까이 왔다고 생각하기에 조급했던 과거의 "종말론적 긴박성"이 새로운 형태로 되돌아왔다. 전에 우리가 긴박감을 느꼈던 이유는 세상의 종말과 심판의 날이 가까운 것으로 보였기 때문이다. 이제 나는 나한테 남은 시간이 많지 않다는 것을 알기 때문에 조급한 노인이다. 단순한 소멸인 죽음이 가까이 오고 있고, 나는 내가 할 수 있는 동안 할 수 있는 일을 해야 한다. 독자 여러분이 이 글을 읽는 것이 나의 죽음 이후일 수도 있는데, 그렇다면 과거로부터 안부를 전한다.

태양처럼 사는 것과 태양처럼 사랑하는 것은 제약 없이 자신을 드러내는 과정, 철학 용어로 말하자면 "자기 외면화"(self-exteriorization)를 지속함으로써 이루어지는 것이기 때문에 완전히 태양 같은 사회적 세상 안의 모든 것은 넓게 열려 있고 밝게 밝혀져 있다. 숨겨짐, 속임, 이중성, 은폐 등을 위한 자리는 없다. 모두가 솔직해야 한다. 이러한 주제는 성경에서 매우 강력하고, 하늘 세상이 이 세상으로 돌아오는 것과 연결될 때 특히 그러하다. 즉 주인이 돌아오면 장부를 펼쳐 점검할 시간이다. 모든 것이 감사 대상이다. 어두운 구석과 벽장은 모두 비워야 한다. 모든 것이 빛으로 나와 적나라하게 드러나야 한다. 더 이상 은폐나 연기(postponement)는 없다.4)

물론 우리는 정보기술의 발달과 정보의 자유 법 덕분에 점점 더 그러한 사회 속에 살고 있다. 우리 모두는 드러내고 싶고, 우리 모두는 항시 접근을 원하고, 모두는 모든 것에 언제든 접근할 권리가 있다. 일부 평론가들은 이러한 극단적인 적나라함에 충격을 받았고, 그래서 자

---

4) 이러한 주제는 공관복음과 예수 시대에 비유를 들려주던 또 다른 사람들의 말 속에서 굉장히 강력하다.

신들의 사생활을 보호하고 싶어한다. 이들은 프랑스 철학자 장 보드리야르(Jean Baudrillard)를 따라 모두가 모든 것을 언제나 내다 거는 문화를 말 그대로 "외설적"이라고 말한다. 하지만 나는 오늘날의 모두 드러내는 문화는 그저 비판적 사고를 문화적 삶의 모든 영역에 체계적으로 철저하게 오랜 기간 적용한 결과라고 주장하는 바이다. 비판적 사고는 사람들이 자신에 관한 진실을 영원히 감출 권리를 가지는 부르주아류의 문화를 위협하고 종식시키는 방식으로 모든 곳에서 개방성과 **책임**을 요구한다. 부르주아들은 자신들의 실제 자아, 자신들과 하느님과의 관계, 자신들의 정치적 견해, 그리고 무엇보다 자신들의 총 과세 수입에 대해 과거나 지금이나 철저히 비밀에 부치고 있다. 그런 문화는 관념적인 유형의 문화로서, 밖으로 드러나는 모습과 내면의 실제를 날카롭게 구분하고, 겉모습을 유지하면서 실제 진실은 감출 권리를 요구한다. 하지만 최근 몇 세기에 걸쳐 비판적 사고가 발달하면서 그동안 숨겨졌던 **모든 것**이 공개적으로 드러나 대중의 감시를 받을 것을 요구한다. 이는 성경의 사상 세계(thought-world)에서 심판을 위해 하느님이 도래하면 모든 사람과 모든 것이 조사를 위해 온전히 드러날 것을 요구하는 것과 완전히 똑같다. 그러므로 지난 몇 년 간, 그리고 이 장에서 내가 주장하는 것은 (탈근대적이고, 미디어의 지배를 받고, 초(超)개방적이고, 초(超)소통적인) 우리의 현재 문화적 상황이 윤리적으로 그리고 종교적으로 예수가 갈릴리에서 선포하던 문화적 상황과 비슷하다는 것이다. 비판(criticism)은 헬라어에서 심판(judgment)을 뜻하고, 우리의 비판적 사고는 심판을 위해 하느님이 도래한다는 과거 사상을 2천 년이 지나 뒤늦게 재활용하는 것이다. 둘 다 책임, 개방성, "드러냄"을 요구한다. 둘 다 겉모습과 실제를 구분하는 일을 그만둘

것을 요구하는데, **특별히 윤리와 종교에서 그러기를 요구한다.** 모든 것을 드러내라! 지금!이라고 말한다.

처음엔 이러한 요구가 불쾌할 수 있고, 나중엔 무서울 수 있다. 하지만 우리는 숨을 수 없다. 이전 문화에서 우리는 하느님으로부터 숨을 수 없었다. 하느님이 언제나 우리를 따라잡았기 때문이다. 어제의 문화에서 우리는 죽음으로부터 숨을 수 없었다. 즉 우리가 도망칠 수 있다는 희망을 가지고 어디로 달려가든 죽음은 거기서 우리를 기다리며 말할 것이다. "우리가 만나기로 약속한 거 맞지?" 그리고 오늘날 우리는 언제나 모든 것에 즉각 접근할 수 있는 문화로부터 숨을 수 없다. 이 문화는 우리를 따라잡을 것이고 우리는 노출될 것이다.

어떤 사람들이 긴급 상황에 피할 수 있도록 집안에 숨겨진 작은 금고실이나 벙커를 가지고 있듯이, 최근까지도 사람들은 자기 자신, 자기 영혼, 실제 자신 등을 조금이나마 자기 마음속에 숨겨두면 노출과 우발적 사건과 죽음을 피할 수 있을 것이라 믿었다. 우리가 이러한 내부 성채로 침잠할 때 우리는 시공간을 초월하는 하느님과 직접 소통할 수 있다고 믿었다. 이런 식으로 우리는 완벽한 안전을 추구하고 발견할 수 있었다.

하지만 나는 세상의 끝이 오면 지구/하늘 구분, 겉모습/실제 구분, 공공/개인 구분 등등 모든 구분이 사라질 것이라고 주장하는 바이다. 오직 절대적인 도덕적 선택의 현재만(only the Now)이 있을 뿐이다. 나는 지금의 삶에 나 자신을 온전히 헌신해야 한다. 나는 주저함 없이 드러내야 한다. 나는 다른 사람들과 나를 비교하는 것을 멈춰야 한다. 나는 **원망**(ressentiment)을 완전히 포기해야 한다. 나는 나에게 우연히 주어진 나의 삶이 나에게 있는 동안 마음을 다해 그 삶을 받아들이고 살아가야 한다. 이러한 선택을 하는 것과 자신을 이러한 삶에 헌신하는 것이 최고선(Summum Bonum)이자, 꼭대기이자, 인간을 위한 최선이다. 예수는 이것을 갈릴리에서 가르쳤다. 예수는 운 좋게도 처음으로 이런 생각을 가지게 되었다.5) 다른 사람들도 똑같은 내용을 발견했고, 그 중 일부는 독자적으로 발견했다.6) 하지만 이런 발견을 계획한 사람은 없다. 그저 우발적인 발견일 뿐이다. 내가 주장하는 것은 1960년대 이후 우리는 이 가르침이 다시 이해되기 시작하는 시대에 살고 있다는 것이다. 그것도 일부 개인이 아니라 많은 사람에게.

이 모든 것이 의미하는 것은 종교의 초자연적 세상이 마음과 세상 사이에 감추어진, 언어가 움직이면서 경험의 혼돈으로부터 질서를 만들어내는, "선험적(transcendental)" 영역이라는 것이다. 바로 이 출발점으로부터 나는 종교적 사고가 왜, 그리고 어떻게 우리에게 그렇게나 오랫동안 그렇게나 중요했는지를 설명하려고 노력했다. 결국 종교는 세상을 지금 우리의 세상으로서 전달하고 우리를 우리 자신에게 전달하는 일을 완수함으로써 자기 과업을 끝낸다. 종교의 마지막 선물은 내가 "태양처럼"이라고 부르는 삶의 방식이다. 그렇게 사는 것이 최고선이며, 우리를 위한 것이다.

---

5) 불교에서는 훌륭한 계통의 스승으로부터 진리를 전수받지 못한 구도자가 어느 때든 우연히 행복에 이르는 불교의 길을 발견하지 못할 이유가 없다고 말한다. 마찬가지로 나는 아마도 다른 사람들도 태양처럼 살고 태양처럼 사랑함으로써 행복에 이르는 예수의 길을 독립적으로 발견했을 수 있다는 생각 때문에 그리스도의 유일성과 그리스도만으로 충분하다는 전통적인 생각을 포기한다. 길의 가치는 그 길을 따르기로 결정하는 사람이면 누구나 확인할 수 있는 것이지, 그 길을 누가 제일 먼저 제시했는지는 중요하지 않다.
6) 예수에 대한 자세한 설명은 나의 *Jesus and Philosophy*를 보라.

14장

비난

내 생각에 이 책에 대해 다양한 불만과 오해가 있을 것으로 예상되고 따라서 미리 변호를 해야겠다.

새로운 대서사?

내가 신학 공부를 시작했을 때 유럽의 바르트(Barth)와 불트만(Bultmann), 미국의 틸리히(Tillich)와 니버(Neibuhr), 기타 몇몇 인물 등등 위대한 신학자의 마지막 세대가 아직 살아있었다. 오늘날에는 그런 인물이 없고, 훌륭한 구성 신학(constructive theology, "교리" 또는 "조직" 신학) 책은 거의 출판되지 않거나 시도조차 되지 않는다. 대학의 신학부에서는, 성경 연구, 교회사, 교리사, 종교 연구 등 다양한 역사 연구가 추진되고 있고 신학에 관해(about) 책을 쓰는 것은 여전히 가능하다. 실제로 많이들 그렇게 하고 있지만, 중대한 신학(of) 작업은 드물다. 이 주제는 죽은 것처럼 보인다. 교황이든 대주교든 교수든 전통 기독교 신앙의 범위 안에 있다고 여겨지는 어떤 것을 지적으로 훌륭하면서 최신의 내용으로 방어하는 작품을 만들지 않고 있고 만들 수도 없다. 전장은 강경보수파의 반지성주의에 넘겨졌다.

왜냐고? 틀에 박힌 답을 제시하자면 독일 철학과 성서 신학의 위대한 전통의 측면에서 볼 때 하느님에 대한 기독교 철학은 칸트(Kant), 피히테(Fichte), 헤겔(Hegel), 쇼펜하우어(Schopenhauer) 등의 작업으로 죽었고, 계시에 대한 기독교 교리는 (이를테면) 아이히혼(Eichhorn)부터 D. F. 쉬트라우스(D. F. Strauss)까지의 성서학자들의 작업으로 죽었다. 철학과 성서비평이라는 이중의 위기는 대략 1780년부터 1840년까지 계속되었다. 그 이후 관념철학, 실존철학, 성서 실증주의 등의 도움으로 다양한 반혁명 시도가 있었다. 하지만 그러한 시도들의 마지막 모습은 1960년대 들어 확실히 기력을 다했고, 1970년대 들어 완전히 끝났다.[1]

나는 이제 그런 답이 옳지 않다고 본다. 흥미롭기도 하고 강렬하기도 했던 1960년대의 지적인 대격변 동안 일부 다른 대서사 역시 죽었다는 점을 지적하는 게 좋겠다. 그 중에는 마르크스주의(Marxism)가 있고, 당시 발전하던 자유주의 믿음이 있고, 에드 머스키(Ed Muskie) 상원의원이 대통령 후보 경선에서 물러나며 고별연설에서 호소했던 인간의 완전가능성(human perfectibility)도 있다. ("나는 여전히 인간의 완전가능성을 믿는다.") 1960년대에 마르크스로부터 니체로, 낙관적 근대주의(modernism)로부터 허무적 탈근대주의(postmodernism)로 지적으로 이동함으로써 사람들이 격려를 얻을 것으로 기대했던 당시의 대서사

---

[1] 휴 매클라우드(Hugh McLeod)의 *The Religious Crisis of the 1960s*와 캘럼 G. 브라운(Callum G. Brown)의 작품들을 보라.

모두에 신화적 성격이 있다는 것이 드러났다. 대서사는 사람들에게 결국에는 모든 것이 괜찮아질 거라고 확신시켜주는, 모든 것에 관한 큰 이야기이다. 1930년대 이후 가장 큰 이념 갈등은 가톨릭 신자들과 공산주의자들 사이의 갈등이었지만, 계획 사회의 과학적 인본주의자들도 목소리를 내려고 아우성쳤다. 하지만 60년대 말과 이어진 탈근대주의에 대한 토론을 거치며 사람들은 대서사들 **모두의** 신화적 성격과 부조리를 인정하기 시작했다. 마르크스주의와 계획 사회의 과학적 인본주의 등 현대적이고 비판적이라고 가장 떠들썩하게 주장했던 사람들로부터 시작해서 말이다.2)

당시에 많은 신학자들은 자신들의 떠들썩한 경쟁 상대와 적수들이 급격하게 겸손해지는 것을 보며 무척 기뻐했다. 이들이 보지 못한 것은 자기들 역시 보호막을 잃었다는 것이다. 신학 역시 언제나 신화적인 대서사의 성격을 지니고 있었다는 것이 드러났다. 1930년대부터 1960년대 중반까지의 좋았던 시절, 그레이엄 그린(Graham Greene)의 시절에, 가톨릭 신자들과 공산주의자들은 양쪽 모두에게 매우 유익한 논쟁을 벌였다. 양쪽은 서로를 진지하게 대함으로써 서로를 지탱해 주었다. 이들은 적수가 아니라 **동맹**이었다. 하지만 이제는 양쪽 다 무너졌다. 70년대가 되자 기독교는 서양에서 더 이상 중요한 종교가 아니었다. 불교가 **어느 정도** 기독교를 대체하고 있었을 뿐이다.

불교였던 이유는 불교는 대서사를 필요로 하지 않기 때문이다. 불교가 허무주의 시대에 살아남을 수 있는 것은, 공(空) 속의 행복(bliss-in-Emptiness)으로 가는 길은 그 길을 따르는 개인이 직접 확인할 수 있

---

2) 리오타르(J.-F. Lyotard)의 *The Postmodern Condition*은 "대서사에 대한 회의"가 탈근대주의 사고의 주된 특징이라는 점을 잘 보여주고 있다.

다고 주장하기 때문이다. 마찬가지로 내가 완전히 축소한 버전의 기독교도 허무주의 시대에 살아남을 수 있는 것은 공(空) 속의 기쁨으로 가는 길을 그 길을 따르는 사람이면 누구나 개인적으로 비슷한 방식으로 확인할 수 있기 때문이다. 게다가, 우리 둘 다 옳을 수 있다. 최고선(Summum Bonum)과 이에 이르는 길에 대한 불교의 설명을 내가 인정하고 존중할 수 있다는 점에서, 그리고 불자들(최소한 일부 현대 서양 불자들)이 최고선과 이에 이르는 길에 대한 나의 설명을 인정하고 존중할 준비가 되어 있다는 점에서 두 종교 모두 참일 수 있다. 나의 유대교-기독교 배경 때문에 나는 신체, 감정, 성애 등을 중요시하고, 이 모든 것들이 그 길의 일부라고 여긴다. 반면 전통적 불자는 이 모든 것들이 고통의 원인이라고 볼 것이다. 하지만 우리는 합의에 이를 수 있다. 그럴 경우, 우리는 두 종교 모두가 참이라고 여길 수 있고, 둘은 매우 밀접한 관계가 될 수 있다. 마치 전통적인 기독교에서 활동적인 방식과 관상적인 방식이 밀접한 관계였듯이 말이다. 유대인이 내 입장에 합류하는 것도 가능하다. 왜냐하면 나는 예수의 메시아 됨에 대한 믿음을 포함한 초자연적 기독론과 "그리스도"라는 칭호 등을 포기했기 때문이다. 온전히 세속적인 시대에는 이 모든 것이 가능하다. 그 대신 나는 예수의 가르침을 "기독교"가 지금까지 여겨왔던 것보다 훨씬 더 진지하게 여기려 하고 있고, 적어도 일부 "깨인" 유대인들은 아마도 내 의견에 동의할 것이다.

하지만 나는 어떤 종류든 대서사를 다시 소개하는 일은 할 수 없다. 니체 이후, 우리는 모든 것에 관한 이야기 전체가 진행해가는 방식에 대해 어떤 형태든 역사 낙관주의(historicist optimism)로 되돌아갈 수 없다.

분명 그렇다. 하지만 나는 종교가 왜 그렇게나 우리에게 중요했는지, 그리고 어떻게 우리의 현재 모습을 만들었는지 이해하는 데 도움이 될 종교 역사 이야기를 들려주고 싶다. 사실 우리는 진화론 배경에 비추어볼 때, 그렇게 짧은 시간 동안 지금까지 발전해 오고 지금의 우리 모습이 되는 것이 어떻게 가능했는지를 설명할 이론이 필요하다. 요컨대 나는 우리 자신이 되기 위해서 우리는 종교의 길, 즉 이술적(heterological) 유형으로 사고하는 길을 가야만 했다고 말하는 것이다. 하느님과 영은 생각하기에 좋다(*bonnes à penser*). 이들은 우리가 생각하도록 돕고, 우리를 이끌어 앞으로 나아가게 하고, 우리를 빠르게 발전시킨다. 그러므로 나의 새로운 대서사는 문화적 진화가 어떻게 (과학 이론에 따르면) 더 먼저 시작된 생물학적 진화보다 훨씬 더 빨리 진행되었는지를 종교로서 설명해준다. 종교는 우리의 어머니이자 나이든 유모이다. 종교가 우리에게 해 준 일들로 인해 우리는 종교를 사랑하고 존중해야 한다. 사실 우리는 종교에 모든 것을 빚지고 있으며, 여전히 종교의 산물이다. 18세기까지만 해도 최초의 인간들이 주변을 둘러보며 자연철학과 하느님에 대한 인과적 주장으로 곧바로 들어갈 수 있었다고 사람들이 생각하는 것이 여전히 가능했다. 오늘날 그러한 가정은 명백히 어리석은 것이다. 나의 새로운 대서사는 우리가 어떻게 현재의 우리가 되었는지에 대한 더 나은 이야기를 제공하고자 한다.

나의 철두철미한 언어적 관념론 철학 때문에 내가 의식(consciousness)의 역사 형태로, 언어로, 그리고 언어 안에서 상상한 것으로 모든 것에 대한 이야기를 적으려 했다는 점을 독자는 알아챘을 것이다. 많은 인류학자들과 역사가들은 이것이 매우 이단적이고 끔찍한 잘못이라고, 내가 그렇게 하지 말았어야 했다고, 요즘은 아무도 감히 〈야생의 사고(The Savage Mind)〉나 〈원시 사고(Primitive Thought)〉 같은 제목을 단 책을 쓰지 못한다고 말할 것이다. 이에 대한 답변으로, 나는 의식의 역사를 요약한 것이 이미 우리 문화의 일부로 주어졌다는 점을 지적하고 싶다. 예를 들면, 구약과 아동 문학 속에 말이다. 또한 초기 시내의 사상을 재구성하는 데 관심이 있는 고고학자들 사이에 최근에 다시 활기가 도는 것도 나에겐 좋은 기회였다. 게다가, 나는 이미 늙었고 오랜 기간 이단 취급을 받아왔기 때문에 지적으로 불건전하다는 비난 같은 건 더 이상 신경 쓰지 않는다.

기독론의 종말?

기독교 역사의 첫 천 년 동안, 인간의 구원을 가져온 결정적 사건은 하느님이 그리스도 안에서 성육신한 것인가, 아니면 예수가 십자가에서 죽은 것인가 하는 질문이었다. 첫 천 년 동안 그 대답은 "전자"였던 것으로 보인다. 성육신은 하느님과 죽을 수밖에 없는 유한한 인간 사이의 존재론적 간극을 메운 것으로 보였다. "그가 우리처럼 되어서 우리가 그처럼 되게 하였다." 첫 천 년 내내 치욕스럽고 끔찍한 예수의 십자가 죽음은 너무나 고통스러운 나머지 예술의 주제로 등장하기까지 오랜 시간이 걸렸다. 그리고 끝없는 토론과 수많은 생각이 난무했어도 이를 지적으로 도덕적으로 만족스럽게 신학화하는 데에는 도달하지 못했고 합의에 이르지도 못했다. 지금까지도 정통 "속죄 교리"는 없다. 분명 첫 천 년에는 십자가보다 성육신을 쉽게 생각했었다. 두 번째 천년기 동안 기독교 형이상학은 쇠락하기 시작했고 문화는 좀 더 개인주의적으로 변했다. 그 결과 자아와 하느님을 분리하는 장벽은 존재론적인 것이라기보다는 도덕적인 것으로 보게 되었다. 그래서 십자가, 그리고 그리스도가 어떻게 자신의 죽음을 통해 우리가 죄사함을 얻게 되었는지에 대한 이론이 전면으로 나서게 되었다. 프로테스탄트 개혁가들은 그리스도가 진짜로 우리를 위해 우리 대신 죽었다고 생각했다. 대속이론의 내용은 다음과 같다. 하느님의 진노를 달래기 위해 우리 대신 하느님의 아들이 죽었기 때문에 하느님은 자비롭게도 만족한 척한 것으로 보인다. 이러한 생각에 대해 더 말할 것도 없고 말해서도 안 된다.

결론적으로 나의 견해는 우리가 이제는 원죄 없는 잉태(성녀 안나의 뱃속에서 마리아를), 동정녀 잉태(마리아의 뱃속에서 예수를), 성육신, 속죄, 부활, 승천과 하늘에 앉음, 재림, 마지막 심판 등 기독론 교리 전체를 포기해야 한다는 것이다. 이들 교리 중 어느 것도 이제는 이성적으로 변호할 수 없다. 예외가 있다면 나의 대서사가 재림을 고대한다는 것이다. 예수의 인격(person)이 아닌 예수의 **가르침**의 재림을 말이다. 그리고 예수가 하늘에 앉은 것은 좀 더 최근 시기의 "인간일원론(anthropomonism)"을 미리 형상화한 것으로 볼 수 있다. 우주적 그리스도는 우주적 붓다와 마찬가지로 현대의 급진적 인본주의의 전조가 된다.

안타깝게도 그게 다가 아니다. "그리스도"라는 칭호도 버려야 한다고 나는 마지못해 결론을 내렸다. 왜냐하면 이 칭호를 쓴다는 것은 일반적으로 역사 속의 신학을, 특별히 유대 민족의 메시아사상을 수용한다는 뜻이기 때문이다. 그리고 그리스도라는 칭호를 포기하면서 나에게는 기독교인이나 기독교와 같은 용어 사용에 문제가 생겼다. 내게는 모든 것이 우발적인 것이고, 나사렛 예수라는 이름을 가진 어떤 사람이 스스로 깨달음을 얻고서 죽을 수밖에 없는 우리 인간에게 내가 볼 때 꼭대기이자 최고 정점인 최고선(最高善)에 이르는 삶의 방식을 가르쳤다는 사실도 그저 우발적인 것일 뿐이다. 그러므로 나는 기독론을 모두 버리고 대신 예수의 가르침에 초점을 맞추고자 한다.

몇 가지 문제가 더 있다. 예수의 가르침은 우리에게 왜곡된 형태로 전달되었고, 지난 2천 년 동안 제대로 이해되거나 해석되지 못했다. 내가 재구성한 것, 즉 나에게 가장 가치 있는 것으로 보이는 요소들로 재구성한 것은 당연히 논쟁의 여지가 있다. 그 부분은 어쩔 수 없다. 하지만 내가 기술하는 새로운 대서사는 스승으로서의 예수에게 교회의 종말 이후에도 여전히 미래가 있다고 주장한다.

너무 얇다?

역사 속 서방 기독교는 무엇보다도 대서사였다. 창조, 타락, 구원에 대한 위대한 우주적 이야기였고, 공동체가 아무리 크다 해도 세상의 전체 구조 안에서 공동체의 위치와 과업을 알려줄 수 있을 만큼 충분히 거창한 이야기였다. 그 이야기는 신화이고, 오늘날에는 축약된 형태로라도 더 이상 들려줄 수 없는 이야기이다. 어떤 사람들은 인류의 진보적 교육에 대한 자유주의적 믿음과 연결된 이야기를 시도해보기도 했고, 일부는 생물학적 진화를 새로운 대서사에 포함시키는 시도를 해보기도 했다. 하지만 나는 이들을 납득할 수 없었고, 그래서 종교의 역사와 관련하여 나만의 작은 이야기를 만들었다. 그리고 대부분의 사람들은 (진심으로 기독교를 싫어하는 사람들까지도) 여전히 예수의 가르침 전승 속에서 가장 순수하고 고귀한 요소를 느끼고 있다는 것에 경외와 경의를 갖게 되었다. 내 이야기에서 갈릴리에서의 예수의 설교는 종교의 역사에서 도달한 최고 정점이자 추락이다. 왜냐하면 예수의 **인격**(person)에 초점을 맞춘 새로운 중보종교가 발전하면서, 예수의 가르침 전승이 빠르게 왜곡되고 무시되었기 때문이다. 비록 예수의 가르침이 모호해지긴 했지만 완전히 사라진 것은 아니다. 그리고 과거 세대에서 "인도주의적 윤리"의 도덕적 권위가 전 세계적으로 받아들여졌다는 점은 오늘날 세상이 그 어느 때보다 그 갈릴리 사람의 메시지를 들을 준비가 되어 있다는 분명한 징후이다. 북아일랜드에서 이언 페이즐리(Ian Paisley)와 게리 애덤스(Gerry Adams) 사이의 화해, 20년 전 남아프리카공화국의 무혈 민주화, 최근 아이티 지진에 대한 국제사회의 빠른 반응 등과 같은 사건들은 20세기 중반까지만 해도 어디서도 일어나지 않았다. 현대 서유럽 복지국가 "노동자 계급의 여건"과 한두 세기 전에 살았던 이들의 조상의 여건을 비교해 보면, 단 몇 세대 사이에 우리가 얼마나 멀리 왔는지 알 수 있다.3)

    내 설명이 충분하지 않다고 할 수도 있고, 지나치게 환원주의적이라고 말할 수도 있다. 하지만 이 글은 과거의 아우구스티누스 대서사를 대체할 만한 것이 있을 수 있는지를 묻고자 하는 제한된 목적을 가지고 있다. 1963년 케임브리지 봄 학기 강연에서 성 요한 칼리지 학장인 J. S. 베잔트(J. S. Bezzant)는 아우구스티누스의 이야기를 들려준 뒤 최근의 문화적 변화와 지식의 진보로 옛날이야기들이 완벽히 타파되었기 때문에 "이 이야기를 있는 그대로 들려주는 것은 악의적인 희화

---

3) 나의 *The Meanig of the West*를 보라.

화의 측면이 있다"고 말했다.4)

나는 그 자리에 있었고, 그의 말이 옳다고 생각한다. 이 글에서 나는 대체하는 이야기의 개요를 제시하였다. 하지만 나는 지금과 같은 세속적이고 회의적인 시대에 우리가 적용할 수 있는 다양한 형태의 종교적 삶과 경험에 대한 완벽한 이야기를 제시하려고 시도한 것은 진혀 아니다. 그러한 작업은 다른 곳에서 진행했다.5) 여기서의 관심사는 우리의 위치를 확인하도록 돕고, 역사 속에서 우리의 위치를 부여할 이야기 한 줄을 들려주는 것이다.

한도 초과

수십 년간 수많은 현대 사상은 인간 존재와 인간 사상이 언제나 특정한 역사적 문화적 맥락 속에 위치해 있다고 주장해 왔고, 오래 전에 살았던 사람들 또는 문화적으로 멀리 떨어진 세상의 사상 속으로 들어가는 우리의 능력은 매우 제한적이라는 결론을 내렸다. 예를 들어, 현대 서양의 평범한 독자라면 제인 오스틴(Jane Austen) 시대의 소설을 즐겁게 읽을 수 있고, 클레어 토멀린(Claire Tomalin) 같은 유능한 전기작가는 유난히 차고 넘치는 단서들의 도움으로 우리가 1660년대의 새뮤얼 피프스(Samuel Pepys)도 이해한다고 여기도록 만들 수도 있다. 하지만 그보다 더 멀리 가는 것은 매우 어렵다. 신학의 경우 20세기 초에 알버트 슈바이쳐(Albert Schweitzer)는 대담하게도 예수에 대한

---

4) D. M. McKinnon 등이 쓴 *Objections to Christian Belief*를 보라.
5) 가장 최근의 것은 *Theology's Strange Return*.

심리학적 판단을 내렸다. 하지만 한 세대 뒤에 신학자들은 현대인의 성품 같은 것을 예수에게 적용하는 것의 부조리를 지적하기 시작했다. 예수의 경우, 증거가 심하게 오염되었다는 추가적인 걸림돌이 있기 때문에 과거는 진짜로 아예 다른 나라다(역자주: *The past is another country* 라는 책 제목 또는 앨범 제목에서 따온 문구). 20세기 말에 이르러 인류학자들도 문자 없이 마주보고 소통하는 사람들의 마음속에 "참여 관찰" 방법으로 들어가려는 시도에 대해 비슷한 의문을 가지기 시작했다.

과거에 나는 이러한 의문을 일반적인 방식으로 공유했었다. 하지만 이 글에서는 (매우 유행을 따르지 않는) 반대 방향으로 노를 저어 나갔다. 이렇게 강조를 달리하게 된 데에는 몇 가지 이유가 있다.

첫째로 시간에 대해 생각하며 또 "현대의 사고방식"에 대한 우리 시대의 토론에 대해 생각하며 나는 과거가 아예 존재하지 않는 것이 아니라는 견해를 가지고 새로운 시도를 해 보게 되었다. 현재의 실재는, 그리고 특히 우리의 현재 사고방식과 우리의 현재 **언어**는, 과거부터 축적된 유산이고, 이전 의식 상태의 교훈적 유물을 많이 포함하고 있기 때문이다. 꿈, 공황 발작(panic attacks), 몸부림(jactations), 심리적 뒤틀림(psychological quirks), 고대 언어 용례 및 많은 다른 현상들에서 우리는 발굴할 고대 자료들을 제공받을 수 있다.

둘째로, 내가 위에서 이야기했던 것처럼 우리는 자녀를 기를 때, 자녀들에게 이야기를 읽어줄 때 사상의 역사를 개괄하고픈 강한 충동을 가지고 있다. 그리고 우리의 종교가 놀라울 정도로 바로 그런 개괄이다. 아마도 종교는 생각보다 훨씬 더 역사적일 것이다.

셋째로, 나는 어릴 때부터 사상체계를 우리가 들어가서 탐험할 수 있는 다른 세상으로 여기면서 매혹되었다. 학창시절에는 플라톤 철학과 정통 네오다윈주의(약 1950년)가 그러한 사상 세계의 사례였다. 하나는 매우 "하향식(top-down)"이고 다른 하나는 매우 "상향식(bottom-up)"이다. 이후 나는 데카르트(Descartes)부터 키르케고르(Kierkegaard)까지 초기 근대 철학자들의 사상 세계에 들어가며 똑같은 흥분을 느꼈었다. 나는 우리가 할 수 있다는 것과, 유익이 많을 것이라는 것을 배웠다.

마지막으로, **자연** 인류학(physical anthropology)과 고고학 분야에서 반세기 동안 인류 기원에 관한 지식과 의견이 빠르게 성장했다는 점이다. 본문에서 암시했듯이, 나는 이와 같은 발전에 관심이 많고 거기에 자극을 받아 인간의 기원에 대해, 특히 의식과 지식의 기원에 관해 곱씹어 생각하게 된다.

이런 관심을 갖게 된 데에는 철학적 동기가 있었다. 이 글에서 나는 독자들에게 반복적으로 눈을 감고 어두운 배경에 작은 점들이 얼룩덜룩 떠오르는 혼돈에 대한 희미한 인식 말고는 아무것도 없는 시간으로 돌아가 보라고 요구했다. 이런 매우 간단한 사고 실험을 통해 우리 모두가 각자 수많은 창조신화가 시작된 최초의 혼돈, 원시의 어둠으로 돌아가 볼 수 있다. 우리들 모두가 여기에 즉각 접근할 수 있다. 여기가 우리 각자가 개인적으로 시작한 곳이고, 여기가 우리 모두가 집단적으로 시작한 곳이다. 다른 곳이 아닌 바로 이 혼돈의 어둠에서, 어떠한 외부의 도움 없이, 우리 인간은 모든 것을—현대의 전 지구적 문화와 현대의 지식이라는 거대한 복합체 전체를—구축해 내야 했다. 모든 것은 인간이 공동으로 구축한 것이고, 어떠한 도움도 없이 우리가 구축한 것이고, 우리 자신의 관점 안에서부터 시작된 것이다. 처음엔 느렸지만 서서히 가속되다가 최근 5,000년 동안 빨라졌고, 최근 500년 동안은 폭발적이었다. 우리는 어떻게 해낸 것일까? 우리는 어떻게 시작한 것일까?

종교가 언제나 정답을 주었다. 태초에 말씀(Word), 즉 보편 용어, 종류의 이름, 혼돈을 가로질러 외쳐진 '곰!' 또는 '호랑이!' 또는 '뱀!' 같은 단어가 있었다. 이것이 혼돈에 빛을 비추고 질서를 부여했고 우리에게 무엇을 해야 할지를 말해주었다. '도망쳐!' 이는 우리가 가령 식사를 한다든가 할 때 주변 환경을 경계하며 살피던 보초병인 첫 번째 지성인이 우리에게 외친 소리이다. 이러한 보편 단어들이 마음과 세상 사이, 의식이라는 장을 가로질러 움직인다. 보편 단어가 제일 먼저 있었고, 다음으로 대개는 동물 종류의 이름, 즉 특정 늑대나 특정 가젤이 아니라 **늑대**, **가젤** 같이 우리가 오늘날 토템이나 마스코트라고 부르는 개체의 종류가 있었다. 개체가 아닌 **종류**인 것이다.

인간의 진화 과정의 어느 순간에 우리는 단순하고 자동적인 자극에 따른 반사 반응으로 환경과 상호작용하는 것을 포기하고 기호(sign), 단어 등으로 대체했다. 기호는 의식이라는 화면을 가로질러 마음과 세상 사이를 떠다니며 우리가 어떤 것이 가젤인지 아니면 뱀인지를 식별하도록 돕는다. 기호는 크게 소리침으로 소통하면서 무리를 하나로 묶고 공동의 행동을 촉발한다. 종교에서는 이러한 기호를 토템 동물, 우리의 조상인 동물의 영, 그리고 궁극적으로 동물 머리를 가진 신으로 여긴다. 철학에서는 이러한 기호가 플라톤의 이데아나 형상으로, 때로는 천사로, 또는 하느님 마음속의 생각으로 적절하게 발전한다. 또는 아리스토텔레스-비트겐쉬타인 계열에서는 기호가 개념이 되었다가 결국엔 단어가 된다.

참고문헌

다음은 이 책에서 언급한 책들의 목록이다.

Augustine. *Concerning the City of God against the Pagans.* Trans. Henry Bettenson. Intro. David Knowles. Harmondsworth Middx and Baltimore, Maryland: Penguin Books, 1972.

Eve Tavor Bannett. *Structuralism and the Logic of Dissent.* London and New York: Macmillan, 1989.

Maurice Bloch. *Prey into Hunter: The Politics of Religious Experience.* Cambridge: Cambridge University Press, 1972.

Callum G. Brown. *The Death of Christian Britain: Understanding Secularization 1800-2000.* 2nd ed. London: Routledge, 2009.

Don Cupitt. *The Nature of Man.* London: SPCK, 1979.

_____. *After All.* London: SCM Press, 1994.

_____. *Solar Ethics.* London: SCM Press, 1994.

_____. *Impossible Loves.* Santa Rosa, CA: Polebridge Press, 2007.

_____. *The Meaning of the West.* London: SCM Press, 2008.

_____. *Jesus and Philosophy.* London: SCM Press, 2009.

_____. *Theology's Strange Return.* London: SCM Press, 2010.

Richard Dawkins. *The God Delusion.* London: Black Swan, 2007.

Mary Douglas. *Evans-Prichard.* Glasgow: Collins (Fontana Modern Masters); New York: Viking Press, 1980.

E. E. Evans-Pritchard. *Theories of Primitive Religion.* Oxford: The Clarendon Press, 1965.

H. and H. A. Frankfort, John A. Wilson, Thorkild Jacobsen and William A. Irwin. *The Intellectual Adventure of Ancient Man: An Essay on Speculative Thought in the Ancient Near East.* Chicago: The University of Chicago Press, 1946 = *Before Philosophy: The Intellectual Adventure of Ancient Man.* Harmondsworth: Penguin Books, 1949.

S. Freud. *Totem and Taboo*. 1913, Eng. trans. 1918, many editions.
David Hume. *A Treatise of Human Nature*. Edited with an analytical index by L. A. Selby-Bigge. 2nd ed. with text rev. and variant readings by P. H. Nidditch. Oxford: The Clarendon Press; New York: Oxford University Press, 1978.
Thorkild Jacobsen. *The Treasures of Darkness: A History of Mesopotamian Religion*. New Haven, CT: Yale University Press, 1976.
Claude Levi-Strauss. *Totemism*. Trans. Rodney Needham. Harmondsworth: Penguin Books, 1973.
C. S. Lewis. *The Discarded Image*. Cambridge: Cambridge University Press, 1964.
David Lewis-Williams and David Pearse. *Inside the Neolithic Mind*. London: Thames and Hudson, 2009.
David Lewis-Williams. *The Mind in the Cave*. London: Thames and Hudson, 2002.
J.-F. Lyotard. *The Postmodern Condition: A Report on Knowledge*. Manchester University Press, 1984.
Hugh McLeod. The Religious Crisis of the 1960s. Oxford: Oxford University Press, 2007, 2010.
D. M. McKinnon and others. *Objectives to Christian Belief*. London: Constable, 1963; Penguin Books, 1965.
Steven Mithen. *The Prehistory of the Mind*. London: Phoenix/Orion, 1998.
_____. *After the Ice*. London: Phoenix/Orion, 2004.
J.B. Prichard, ed. *Ancient Near-Eastern Texts relating to the Old Testament*. 3rd ed. Princeton, NJ: Princeton University Press, 1969.
Colin Reffrew and Ezra B.W. Zubrow. *The Ancient Mind: Elements of Cognitive Archaeology*. Cambridge: Cambridge Univerity Press, 1994.
Wilfred Cantwell Smith. *The Meaning and End of Religion*. New York: Macmillan, 1962; London: SPCK, 1978.
Thomas L. Thompson. *The Bible in History: How Writers Create a Past*. London: Jonathan Cape, 1999.
Edward Burnett Tylor. *Primitive Culture*. 2 vols. London: Murray, 1871.
D. W. Winnicott. *Playing and Reality*. London: Tavistock Publications; New York: Basic Books, 1971.